至关重要的投资战略

专业投资一站式指南

[英] 盖伊·弗雷泽-桑普森◎著
(Guy Fraser-Sampson)
草 沐◎译 黄文彦◎审译

INTELLIGENT INVESTING

A GUIDE TO THE PRACTICAL AND BEHAVIOURAL ASPECTS OF INVESTMENT STRATEGY

中国人民大学出版社
· 北京 ·

图书在版编目（CIP）数据

至关重要的投资战略 ： 专业投资一站式指南 / (英)盖伊·弗雷泽-桑普森 (Guy Fraser-Sampson) 著 ; 草沐译. -- 北京 ： 中国人民大学出版社，2020.8

书名原文：Intelligent Investing:A Guide to the Practical and Behavioural Aspects of Investment Strategy

ISBN 978-7-300-25416-6

Ⅰ. ①至… Ⅱ. ①盖… ②草… Ⅲ. ①投资－基本知识 Ⅳ. ①F830.59

中国版本图书馆 CIP 数据核字(2018)第 006336 号

至关重要的投资战略：专业投资一站式指南

[英] 盖伊 · 弗雷泽 – 桑普森（Guy Fraser–Sampson） 著

草 沐 译

黄文彦 审译

Zhiguanzhongyao de Touzi Zhanlüe: Zhuanye Touzi Yizhanshi Zhinan

出版发行	中国人民大学出版社		
社　　址	北京中关村大街 31 号	**邮政编码**	100080
电　　话	010–62511242（总编室）		010–62511770（质管部）
	010–82501766（邮购部）		010–62514148（门市部）
	010–62515195（发行公司）		010–62515275（盗版举报）
网　　址	http://www.crup.com.cn		
经　　销	新华书店		
印　　刷	天津中印联印务有限公司		
规　　格	170mm × 230mm　16 开本	**版　　次**	2020 年 8 月第 1 版
印　　张	13.5　插页 1	**印　　次**	2020 年 8 月第 1 次印刷
字　　数	170 000	**定　　价**	69.00 元

目　录

INTELLIGENT INVESTING

第 1 章

什么是战略

合理的战略始于（确定）正确的目标。

——迈克尔·波特

做正确的事（即使做得不完美）远比以正确的方式做事重要得多。

——彼得·德鲁克

本书是一本有关投资战略的书（书名有点儿透露秘密了）。各种类型和不同规模的投资者都可以运用本书所提供的途径，来确定和实施最有可能实现他们投资目标的投资方法。正如你将要看到的，投资战略的制定过程极其复杂，其复杂程度远远高于你最初所想的。

不过，好消息是，尽管这个过程错综复杂，但并非难以理解。在这个过程中，没有任何单独的部分天生就令人难以理解。然而，人们必须考虑很多不同的问题，而且不仅是单独地考虑一个个问题，还要考虑每个问题是如何影响其他所有问题以及如何与其他所有问题相互作用的，如此数量庞大的问题的确给人们带来了真正的挑战。

而我们思考问题的方式又使得这一挑战变得愈发令人却步。第一，在我们的日常工作中，我们没有任何战略性思考的经验，与我们日常责任相关的操作性决策占据了日常工作的大部分。第二，我们总是把金融和投资作为一门科学来学习，最有可能的是将它们作为某种形式的数学。因此，我们倾向于努力运用科学所要求的那种一丝不苟的客观和定量的方法来处理投资事务，以便找到“唯一正确的答案”。在这方面，资产配置模型就是一个很好的例子，它们通常被称为“最优配置战略”。然而，正如我们将要看到的那样，战略性思考过程要求使用完全不同的思维模式。例如，定量技术是战略性思考过程中一个必要的组成部分，但只是一个组成部分而已，而且它只能带我们走这么远。

更重要的是，整个投资战略的制定过程往往被那些实际上连“战略”是什么都没有真正理解的人扰乱了。最好的结果是，这些人会略过整个（且至关重要的）分析阶段；最差的结果则是整个投资过程在很大程度上变得没有任何意义。因此，战略的制定过程必须是我们投资的起点。

人们之所以困惑，部分原因是“战略”和“战术”这两个词在日常对话中经常被随意地互换使用，而实际上它们的含义和用法截然不同。这种差别在军事领域中得到了充分的理解，我们从已经出版的大量有关战略的著作中就可以看出。或许我们可以通过战略、战术和操作这三个不同的思考和规划层面来讨论战略。我们可以以发生在 1942 年的第二次阿拉曼战役为例来说明这一点。

当时的形势是，在德国陆军元帅埃尔温·隆美尔（Erwin Rommel）的领导下，德国和意大利的军队在盟军一些将领的协助下，通过一系列巧妙的排兵布阵一路打到了埃及边界。当盟军总司令克劳德·奥金莱克爵士（Sir Claude Auchinleck）意识到这些问题时为时已晚。于是，他解除了陆军司令的职务，亲自坐镇指挥，在第一次阿拉曼战役中从近乎失败的险境中扭转了局势，成功阻止了隆美尔的进攻。现在，大多数评论家都认为这场战役是沙漠战争的转折点。隆美尔的实力被大大削弱，无法将盟军赶出他们的防御阵地。即便隆美尔想这样做，也无法在腹背受敌的情况下避开盟军。随着战役接近尾声，奥金莱克试图从盟军的后方和侧翼发起进攻，但是他手下的指挥官们却让他失望了，因为这些指挥官在奥金莱克的前任手下早已养成了把命令当作自愿准则的习惯。

尽管如此，奥金莱克还是意识到，隆美尔的一意孤行让其不肯承认游戏已经结束了，至少没有再掷一把骰子的机会了。因此，奥金莱克准备沿着保护他南边位置的山脊再打一场防御战。然而，就在这个节骨眼上，他突然因政治原因被英国首相温斯顿·丘吉尔撤职了。他的总司令的位置被陆军元帅哈罗德·亚历山大（Harold Alexander）取代，而陆军司令的位置被中将威廉·戈特（William Gott）取代。这无疑是丘吉尔做出的另一个极具争议的决定，因为近几个月来，戈特作为指挥官一直是抗命不尊的主要代表之一。然而，戈特却在乘飞机前往受命时死于飞机失事，接替他的人是伯纳德·蒙特哥马利（Bernard Montgomery），也就是未来的陆军元帅。当隆美尔做出孤注一掷的最后突围尝试时，蒙特哥马利运用奥金莱克的作战计划和部署打赢了阿拉姆哈勒法战役（Battle of Alam el Halfa），从此一战成名。最终，隆美尔不得不认输，将部队撤退至阿拉曼安营扎寨，并在盟军对面筑起了防御工事，此后他前往德国接受医治。至此，战役的主动权已经决定性地转移到盟军手中，尤其是他们获得了大量补给，包括两个完整的装甲师，从而在人数上获得了压倒性的优势。

首先，让我们先来看看亚历山大和蒙特哥马利此时面临的战略问题。战略关乎全局。因为它是一切的起点，所以最关键的是，我们要从问题和决策金字塔的最顶端开始。我们必须识别那些根本性的事物，它们作用于其他事物，但除了自身之外，它们并不被任何事物影响。用军事术语来说就是“我们如何才能最好地打赢这场战役”。

事实上，将军们很少需要在战场上解决真正的战略问题。这些决策通常都是由大臣和国防部长在之前某次严肃的会议上做出的，并且是远距离的。这就是第二次阿拉曼战役如此有趣、如此有用的原因。

亚历山大和蒙特哥马利知道的是温斯顿·丘吉尔和美国总统富兰克林·D. 罗斯福已经同意发起火炬行动（Operation Torch），即从西部进入北非，而这些进攻将在几周后发起。一旦发起这些进攻，阿拉曼对面的轴心国军队就将被迫进行漫长且仓促的撤退，因为它们要在盟军介入并切断他们的补给线之前尽早与它们在西边的军队会合。因此，在解决“如何才能最好地打赢这场战役”这个战略问题时，它们要做出一个非常基本的决定：真的要打这场仗吗？发动一次进攻对打赢这场战役会有重大贡献吗？或者，更明智的做法是保存机动部队（尤其是坦克部队）的实力，准备好在敌人撤退时予以追击，而当他们这样做时，就能指望着彻底歼灭敌人的部队（或者至少给敌人造成重大损失和混乱）吗？

事后看来，亚历山大和蒙特哥马利的决定显然是错误的。盟军遭受了超过1.3万人的伤亡。尽管盟军有着压倒性的优势，却在多次与敌军交锋时濒临战败（或者至少未能获胜），而且即使在战役结束之后，蒙特哥马利保守的指挥也使得轴心国军队得以喘息，再度将隆美尔由病榻上召回战场，亲自指挥突围。尽管它们的实力大不如前，但还是悄悄溜到了西边与其队伍会合。

这是一个允许情感和政治干预理性决策过程的典型例子。这种事情在商业和金融领域一直都在上演。蒙特哥马利想用他的作战来证明自己是一位合格的将军，证明他比奥金莱克高明（但是具有讽刺意味的是，如果真能证明什么的话，结果刚好相反，尽管当时人们并没有承认这一点）。另外，英国人也意识到，自从火炬行动开始，他们将是联军中的次要伙伴，而这代表着“英国”军队（实际上大部分是由印度人、澳大利亚人、新西兰人和南非人组成）证明他们能够让德国军队惨败的最后机会。具有讽刺意味的是，这场战役再次被证明是一次战术上的胜利，却是一次道义上的失败。按理说，凭借其在兵力和装备上的优势，以及完全的制空权，“英国”军队本应能够轻而易举地按计划取得这场战役的胜利。

这就是战略层面。正如我们将要看到的，战略是由“我们是谁”以及“我们要达到什么目标”等这样重要且基本的问题驱动的。

再往下一个层面就是战术层面的考虑，其特征可能是这样一个问题：“我们如何打赢这场战役”。这样看来，战略与战术之间的区别以及混淆二者的危险是显而易见的。然而，这种混淆很常见。根据我的经验，大多数投资者基本上都忽略了战略层面，直奔战术层面而去。当然，正因为如此，他们的讨论都是脱离实际的。战术应该是实施一个已被讨论和商定的战略的手段。就其本身而言，它们基本上都是无关紧要的。战术只是一种手段，而不是目的。

管理学大师彼得·德鲁克（Peter Drucker）曾在其著作《有效的管理者》（*The Effective Executive*）中对此做了完美的总结，他指出：“做正确的事（即使做得不完美）远比以正确的方式做事重要得多。”把错误的事情做好并且精力充沛地去做可能会带来灾难性的后果。德鲁克通过敦促我们将战略视为“有效性”（effectiveness）、将战术视为“效率”（efficiency）来强化这种区别。战略是选择最优（最有效）的行动路线，而战术则是关于我们如何（有效地）执行它。

在第二次阿拉曼战役中，蒙特哥马利要做出一个选择：是调动军队从侧翼大规模地进入沙漠，以尝试避开轴心国牢固的防御工事，并绕开这些防御工事向南方进攻，还是从正面发动进攻。他选择了后者，部分原因是他的性情使然，他要打一场一切尽在掌控中的战役。或许部分原因是，在经历了北欧相对狭窄的战场后，他对广袤的沙漠不熟悉，并因此感到不舒服。还有部分原因是他对于其手下的指挥官能否执行命令缺乏信心（考虑到这些人此前的表现，这或许是有些道理的）。

在选定了战术之后，蒙特哥马利必须决定如何让他的战术在各个作战部队中执行到位，这就是所谓的“操作层面”，而这些决策往往会留给他手下的指挥官。但是蒙特哥马利想要控制这场战役的方方面面，因此他非常细致地列出了将要发生的事情，甚至亲自向个别指挥官做出指示。

在这个例子中，轴心国的防御工事受到深雷区的保护，而深雷区又被反坦克机枪掩护。因此，蒙特哥马利命令步兵部队（因为没有足够多的工兵可以独自完成这项工作）在雷区清理出一条狭窄的通道供坦克使用。清理通道的工作是采用简单却极其危险的权宜之计来完成的，即步兵一边尝试慢慢向前走（同时可能被敌人瞄准），一边用刺刀戳地面。大约 70 年后，驻阿富汗的英军不得不采用同样的方法排雷，这一事实遗憾地说明英国军队一直未能为其士兵提供合适的工具来完成任务。①

① 在阿富汗，这种做法被称为“BARMA-ing”。如果政府为军队提供了直升机，使军队就不必像美军同行那样在地面行军，那么“BARMA-ing”无论如何都是不必要的。

因此，现在我们了解了决策有三个层面：战略、战术和操作。显然，这是按照重要性递减的顺序列出的。如果你正在向敌方防线上最强大而不是最弱的地方前进的话，那么让你的步兵排敏捷地前进没有多大用处。同样，如果当你忙着打赢这场战役，而另一支敌军正在切断你的通信和补给，那么即使你的作战计划是一个缜密型计划的典范，也只能于事无补。如果你的指挥官命令你的大部分部队奔赴不同的战区（正如蒙特哥马利的一些前任所做的那样），那么即使你获胜了，你也无法巩固胜利。

决策层面也是按照其易改变程度的递降顺序列出的。如果敌人的机枪压制了你的步兵排的前进，那么派五六个人从侧翼包抄，其余的人提供火力掩护就是一件相对容易的事情。如果你决定整个师正在错误的地方发起进攻，那么可能需要几天的时间（正如在阿拉曼发生的那样）才能把它和它的支援梯队从一个地方转移至另一个地方。试图在中途改变你的战略（正如英国和法国在 1940 年对进攻挪威犹豫不决时所做的那样）会导致整船的军队和补给被装船、卸载、再装船和重新安排路线。在这种情况下，随之发生的灾难通常既是可预见的，也是不可避免的。正如另一位管理大师迈克尔·波特（Michael Porter）所说："战略必须是持续性的，它不能被不断地改造。"

由此可见，战略决策比战术决策对事件的影响要大得多，尽管它们似乎离决策更遥远。有研究声称证明了这一点。1991 年的一项研究[①]（该研究延续了 1986 年的一项研究）发现，与经理人选择（战术）决策相比，投资者的优异业绩有 90% 以上是由资产配置（战略）决定的。注意这里的"声称"一词。已经有人批评这项研究忽略了管理费的影响，这种批评是正确的。也有人指出，这项研究中所考虑的资产类型的选择面相当窄，这种观点也是很合理的。还有人对该研究计

---

① 布林森（Brinson）、加里（Gary P.）、辛格（Singer）、布瑞恩（Brain D.）、比鲍尔（Beebower）、吉尔伯特（Gilbert L.），《投资组合业绩的决定因素 II（更新版）》（*Determinants of Portfolio Performance II: An Update*）。

算收益的方法提出了质疑。[①]

然而，尽管人们对战略决策的结果的影响在多大程度上超过战术决策的结果可能存在争议，但是对总体的原则并无争议。2000 年发表的一篇由同行评审的学术论文[②]考察的是共同基金，而不是养老基金（1991 年的那篇论文考察的是养老基金）。这篇论文大致支持这种观点，同时细化了所提出的问题。该论文发现，实际上，单只基金的业绩突出 100% 可以归因于战略性资产配置（使用该论文所称的“政策回报”）。然而，当从外部观察人士（比如试图在两者之间做出选择的金融分析师）的视角来比较任何一只基金与其他任何一只基金时，只有大约 40% 的投资回报差异可以归因于资产配置。无论哪种情况，很明显，对于投资者而言，提出正确的战略问题并正确地回答这些问题将是投资业绩突出的大部分（如果不是全部的话）原因。

上述所有这些都有力地表明，任何投资决策机构，比如投资委员会或者养老基金理事会，都应该至少拿出 90% 的时间来探讨战略问题（选择合适的资产类型），而不是战术问题（选择合适的基金经理）。毕竟，如果你从一开始就选择了错误的资产类型，那么即使你碰巧选择了一两位可能比他们的同行表现更好的基金经理，那又有何区别呢？德鲁克曾说，高效地做错误的事情往往比什么都不做更糟糕。一些学术研究支持了他的观点。这些研究显示，选择了正确资产类型的投资的业绩几乎全部都很突出，而选择了正确的基金经理（尤其是同时选择了错误的资产类型）可能会颗粒无收。

然而，任何一个参加过这类机构会议的人都知道，事实恰恰相反。整个会议开完可能都未曾提及任何一个战略问题。与会者按照一个固定且紧凑的议程机械地开会，就过往业绩询问基金经理，并要求投资顾问们对此进行更复杂的分析，

---

① 威廉姆·扬克（William Jahnke），《资产分配骗局》（*Journal of Financial Planning*）。

② 罗杰·伊博森（Roger Ibbotson）和保罗·卡普兰（Paul Kaplan），《资产分配策略是解释了跑赢表现的 100%，90%，还是 40%》（*Does Asset Allocation Policy Explain 100%, 90% or 40% of Performance*）。

而所有这些都是不经意地基于最基本和从未被质疑的假定进行的，也就是说，对于那些非常不幸地在第一轮中错失投资机会的人而言，未来只不过是过去的重复表现。

对于那些能够洞悉大局的真正意义的人而言，这样的会议往好了说是冗长乏味的，往坏了说就是徒劳和令人失望的。是的，在某些领域（比如私募股权）中，选择合适的基金经理可能会产生巨大的业绩差异，但前提是你选择了正确的资产类型，并对每种资产类型做出了合理的配置。这些资产配置决策只能是战略过程的结果，而很多投资者之所以会做出错误的决策，通常是因为他们从未尝试过这一过程，而只是随意和武断地进行了选择。

如果你曾参加过这样的会议，那么你能很容易地亲自检验这一点。每次有人发言时，你只要问“为什么”就可以了。如果与会者成功地经历了一个战略过程，那么会议的组织者在每个场景下都会有一个现成且理性的答案。

表 1–1　　战略和战术的区别

战略	战术
影响较低层面（战术）的决策，但其本身只会受到外部因素和环境变化的影响	影响较低层面（操作）的决策，但是其本身是旨在实施较高层面（战略）的决定
大局：我们如何最好地打赢这场战役	更具体的：我们如何才能打赢这场战役
做正确的事情（德鲁克）	正确地做事（德鲁克）
有效性（德鲁克）	效率（德鲁克）
做出正确的资产配置	选择合适的基金经理
出色业绩将超过整个基金行业 90% ~ 100% 的基金（学术研究）	出色业绩将超过整个基金行业 0 ~ 10% 的基金（学术研究）
对成功至关重要。如果失败，将是致命的	最好具备。失败将在一定程度上对业绩造成负面影响

第三个层面——操作层面如何呢？如果战略决策是关于要持有哪些正确资产，战术决策是关于要选择哪些基金经理的话（在这个阶段，我们故意做了简化，随着探讨的深入，你将发现其中的内容比这多得多），那么这一层面以下的必然就属于操作范围了。用前台的术语说就是，这将意味着对打算选择的投资和管理人员进行尽职调查，监督现有的投资和管理人员，并且在适当的时候，在不同的资产类型之间进行再平衡。用后台的术语说就是，它将涉及资金的转移、资金转移的会计记录和监督，以确保内部程序和外部规章制度得到遵守。根据你如何架构你的投资过程，这其中可能还涉及监管者和经纪人的安排、在你周围向你汇报的经理人以及你向董事会或者委员会报告的所有数据的录入。

当然，如果这些活动（比如尽职调查和监督）会导致选择或者罢免基金经理的决策，或者进行 / 不进行直接投资的决策的结果时，就很容易让所有事情开始混淆在一起，但这不应该掩盖这些活动在本质上的区别。那些进行尽职调查的人也很少有权力据此做出投资决策（尽管他们可能会参与讨论）。

战略和战术层面互相影响的方式与战术与操作层面互相影响的方式相比有一个本质的区别，理解这一点也很重要。在这两种情况下都存在（或者应该存在）一个反馈循环，但是它在每种情况下的工作方式会略有不同。在已经做出了战略决策的情况下（比如将 15% 的资金配置给房地产），可能随后会无法有效地实施这一决策。在这种情况下，问题将会回到那些做出战略决策的人那里，看看他们是否愿意改变主意。当然，这种情况不应该发生，除非市场环境等情况发生了出人意料的变化，因为执行战略的能力在制定该战略时就应该得到充分的考虑。但是这种情况确实发生过。

就某些操作事项而言，人们可以执行这些操作，以允许或者至少有助于做出战术决策。比如，原则上可能会做出有利于某位基金经理的战术决策，但随后可能需要进行详细的尽职调查，以决定是否真的任命此人。相比之下，证明一项战术决策不可能被执行（而不仅仅是不明智）的情况是很少见的，而当这种情况确实发生时，通常是由于会计或者信息技术（IT）等内部系统无法应对挑战的结果。

当然，在实践中，尤其是在小型组织（比如员工较少的养老基金）中，在由谁做出哪些决策方面可能会存在相当大的重叠，从而不可避免地使人们更难以将这三个层面严格地区分开来。但是无论这多么难做到或者看起来多么做作，它都是至关重要的。实施战略过程从一开始就已经够难了，一旦不相关或者不恰当的问题介入，那么实施过程很快就会变得无法实现。

或许这是战略和战术在实践中容易被混淆的另一个原因。如果同一个人既要负责战略，又要负责战术，那么就可以简单地以现有的投资过程（战术 / 操作）作为开始来探讨如何改进，而不是问那些更基本（战略）的问题，比如该组织应该投资哪些资产类型及其原因。

顺便说一句，请牢记“为什么”这个问题，它是我们战略武器库中最有用的武器之一。对我们而言，它就是笛卡尔式怀疑。通过反复地问为什么，我们可以剥离一层又一层的假设和结论，直至我们找到真正的出发点。遗憾的是，对于那些陷入事务操作层面的人而言，他们似乎天生就有一种从“如何做”和“做什么”开始的意愿，但是这些应该作为输出的一部分，而非输入的一部分。

要始终把投资战略的目标牢记在心，即帮助任何一位个人投资者实现其资产的最优配置。这里“最优”的意思是最有可能实现其预期的结果。因此，资产配置应该标志着这个过程的结束，而不是像在实践中经常出现的那样，是这个过程的开始。

为什么是个人投资者呢？因为没有哪两位投资者可能会得到完全相同的预期结果，或者如果他们都正确地实施了自己的投资过程，那他们至少不应该得到完全相同的预期结果。同样的资产组合对不同的投资者而言不可能都是最优的。因此，我们要留意那些与其他投资者的资产组合非常类似的资产组合，尤其是当这些资产组合的类别和地理位置相同的时候。同业对标（peer benchmarking）也一样，投资者只是简单地将所谓的类似投资者（就像那些在罐上贴有相同标签的罐头一样）所期望的目标投资回报率作为目标。这两种情况通常都清晰地表明了战略过程的失败或者甚至从未发生过。

人们确实需要一个能够驱动整个投资过程的理想结果，并且希望这个结果能促进思考，从而帮助组织定义对自身的看法。“我们试图实现什么目标，为什么”这个问题应该一直伴随着对战略的讨论。令人惊讶的是，董事会或者投资委员会很少问这个问题，即使问了，也往往倾向于将它作为孤立的问题，而不是作为一个更广泛的战略分析的出发点。再一次引用迈克尔·波特的话：“合理的战略始于（确定）正确的目标。”顺便说一句，历史上很少有什么东西是全新的，当然这与战略也没什么关系。公元一世纪，古罗马思想家和政治家塞涅卡（Seneca）曾说过，如果一个水手不知道他将向哪个港口航行，那么他就不大可能找到对他有利的风向。

知道你的目的地很重要。我们大多数人都能够在地图上找到一个大城市。而难的是，从一辆封闭的卡车上被扔到空旷的郊野，手里只有地图和指南针，并试图弄清楚你当前的位置。正如我们将看到的，确定你旅程的起点与知道你前进的方向同样重要。在第二次世界大战中，作战双方都有很多新近被空投的秘密特工被抓了个正着，因为他们在被询问时无法在地图上指出自己的位置。同样，任何没有事先确定从哪里开始就制定投资战略的尝试都是注定要失败的。然而，这一点往往被人们忽视，这是因为在一个组织中，顺应传统智慧的情感需要远远比真正考虑组织本身的情况更强烈。

因此，我们迄今为止所学到的内容都可以用“战略是至关重要的”或者“战略很重要”这两句话来概括。然而，这还远远不够。战略比什么都重要，它是生死攸关和最根本的。没有人会在驾车旅行出发前不先决定想去哪儿、怎么去以及汽车是否加满了油。然而，这些基本问题恰恰是世界上大多数投资者所忽视的。

相反，他们开始了对周围乡村漫无目的的旅行，随机选择了他们转弯的地方，并且指望着凭运气不会在途中用尽汽油。我并不想愤世嫉俗。当然，如果从某个角度看，这一切有一个好处。如果你没有明确的目的地或者到达时间，那么不管你在哪里结束，也不管你何时会用尽汽油，你都不能说自己的旅行不成功。

通常，我们可以把战略失败归因于上述这些因素中的一个，无论是单独的因素，还是与其他因素的共同作用。然而令人吃惊的是，真相往往更加残忍。大部分投资者从一开始就根本没有做过任何恰当的计划或者分析。考虑到在这个过程中可能会出现很多困难，以及可能需要适应的各种敏感问题，人们往往很容易认为已经思考过这个过程了，并将其放入“太难”的范围内。然而，这种情况很少发生。更常见的是，组织内的任何一位高级员工都从未意识到需要战略愿景。

“愿景”一词引出了几个有趣的观点，我们需要正确地理解这些观点，才能让我们的探索之旅走得更远。

第一，愿景与战略不是一回事。世界上到处都是能够令人信服地、慷慨激昂地讨论其公司“愿景”的首席执行官。在这种情况下，“愿景”通常是一种情绪化和理想化的世界观，是人们希望世界成为的样子。然而，尽管理想在其他领域可能是美好的，但是一旦涉及战略，无论是在军事、商业还是投资方面，它就是危险的。理想是崇高的目标，是思想和意图的外在标志，但是它们很少是可行的目标。

愿景往往无法完全实现，有时候是因为它们涉及对人类行为不切实际的期望——期望这些行为中没有贪婪、恐惧或者私利；有时候是因为它们需要目前尚不存在的技术水平；有时候是因为它们忽略了组织所面临的监管或者其他方面的限制；有时候是因为它们假设人们已经做好准备，去承担无论是财务还是其他方面不可预估的损失。

战略则不同。战略是关于在现实世界中，人们可以利用实际可支配的资源来实现什么目标，而不是在一个想象的世界中，人们利用想拥有但实际上没有的资源来实现什么目标。战略是关于现实的，是将真实的今天转化为可管理的明天。愿景是关于渴望或者某种乌托邦式的未来。

第二（根据上述内容，这应该是显而易见的），愿景有可能成为战略过程中一个强大的破坏性因素。战略过程要获得成功，就需要在分析相关事实和问题时严格运用理性。而根据定义，这必须是不带感情的，因为情感是逻辑的敌人。然而，愿景几乎与理性无关，它本身就是一种压倒性的情感力量。愿景创造了理智的禁区，使很多战略评估从一开始就注定会失败。正如我们将在本书第 3 章中解释的，这是战略过程最好由一个第三方服务商来进行的原因之一。局外人会认识到愿景是什么，并且试图在争论发生时坚定地将其排除在战略之外。然而，这本身就困难重重，我们将在接下来的章节中探讨这个问题。

第三，愿景本质上代表的是组织成员的共同价值观，这反过来又假设其所陈述的愿景是某种格式塔（Gestalt）[①] 的结果。然而，事实并非如此。实际上，愿景代表的是所谓的“共同世界”（koinos kosmos）。

作为个体，我们都有自己对世界的看法，而且显而易见的是，我们至少在某种程度上都在不断改变自己对现实的看法，试图使其更接近我们自己的信念，这就是所谓的“个体世界”（idios kosmos）[②]。然而，当个体成为某个群体的一员时，取而代之的是“共同世界”。这被描述为一种外交上的杜撰或者群体成员所相信的最小公约数。顺便说一句，这可能会导致“群体思维”——任何群体都倾向于集体思考，而从不质疑任何已得出的结论，无论这些结论在局外人看来多么可疑。

① 格式塔是人类思想的一个集合，这些思想集合起来像一个整体一样发挥作用，颇似一台超级计算机。

② 这些术语最初来源于赫拉克利特（Heraclitus），但是那些已经读过或者听说过菲利普·P. 迪克（Philip K.Dick）的小说的人会熟悉这些术语。

因此，通常情况下，愿景的边缘是模糊的，因为群体中的每位成员都不太可能共享完全相同的价值观，并且达到完全相同的程度。这甚至可能是一种心理防御机制。在这种机制下，个体尽可能地接受群体的观点，以避免与信念体系发生冲突时产生的压力。在最坏的情况下，愿景可能只是一位强势的首席执行官所强烈表达的观点，而其他所有人都觉得他们必须紧随其后。

遗憾的是，有些人认为愿景应该在战略规划中发挥重要作用。除非愿景在此表示的是想要的现实目标，而不是理想化的想象结果，否则这种说法不仅是错误的，而且是危险和具有误导性的。即使在教育和医疗等公共部门领域，对愿景的依赖也将产生一种群体思维，即认为“这是我们必须有的。现在，我们如何才能找到钱呢”，而不是“这是我们能负担得起的，我们怎样才能最有效地使用这些钱呢”。再次重申，战略是关于理性的，而愿景是关于情感的。这是一个值得不断重复的重要观点。愿景是关于构建空中楼阁的。如果将愿景作为现实中关于如何前进以及如何生存的战略的起点，那将是灾难性的。

INTELLIGENT INVESTING 第 2 章

情感问题及其影响

情感可能比理性更能影响战略计划。一个有效的战略过程应该充分考虑如何妥善地处理情感问题。在尝试确定任何投资者的目标以及如何成功地实现这些目标时，我们需要尽可能出色地实施战略过程。

投资时，仅仅拥有智慧是不够的，还必须有高情商。

我们已经将战略描述为一种智力追求，它产生的结果是在考虑了所有相关因素后最有可能实现预期目标的最优方法。这在理论上是正确的，但是在实践中却很难做到。因为正如前面提到的，在所有商业流程的核心中，尤其是在战略分析中，都潜伏着一个可能致命的悖论。要得到上述结果，就需要人们不带任何感情色彩、理性地剔除所有不相关的问题，直至基本逻辑问题的基本框架被识别出来并得到一致同意。然而，人类，或者说大多数人，并不按这种方式行事，事实上也没有能力这样做。人是动物，不是机器。人不仅会运用逻辑，还会运用情感对各种情况做出反应。心理学家早就认识到，对很多人而言，情感的影响力足够强大，足以彻底压倒他们的逻辑，尤其是在应对他们本人参与其中的事情时。

最近，心理学家也开始探索这样的情况，即人们相信自己的行为是理性的，却在没有意识到的情况下被自己的情绪所控制，这样的效应被称为认知偏差。人们已经识别出了很多具体的认知偏差，比如禀赋效应（endowment effect），即如果我们已经拥有了某种物品，那我们对它的估值就会高于我们没有拥有它时对它的估值，这会导致我们不肯出售某项资产，而我们应该做出的理性选择是处理掉这项资产。

造成这种情况的部分原因是情感的力量足够强大，甚至可以扭曲我们的感知。古希腊人在3000多年前就已经充分认识到了感知的重要性，然而，这并未阻止那些传统金融理论专著的作者在过去几十年里完全忽略感知的重要性。比如，柏拉图举了一个著名的例子：被终生囚禁在一个洞穴里的一群人面对着洞穴的墙壁，洞穴被火光照亮。这些人对外面的世界一无所知，所以他们相信那些从墙壁上掠过的影子是真实存在的，因为这是他们能感知到的。只有当这些囚犯被解救并被带出洞穴后，他们才能够看清现实是什么。

柏拉图多少有些傲慢地用这个寓言来说明哲学家（能够清楚地看到现实的人）与凡人（看不清现实的人）之间的区别。尽管这是一个有说服力的寓言，但是事实上它并不是一个准确的寓言，或者至少不是一个完整的寓言。因为即使囚徒被带出洞穴，他也看不到现实的本来面目，他看到的是自己感知到的样子。他会看到他认为的现实，这些现实是建立在他的感官传递给他并由大脑翻译的东西之上的。

这里有两件事可能是错的。第一，人们的感官反应可能各不相同。如果其中一名囚徒是聋哑人或者色盲，那么他对洞穴外生活的感官体验就会与其他人不同。第二，我们已经看到，情感的力量能够以认知偏差的形式干预上述的翻译过程，因此，我们所感知的最终构成了我们心理过程的一部分，而这些感知不一定都是事物的本来面目，而可能是我们想要看到的那个样子。事实上，一些作家，比如亨利·柏格森（Henri Bergson）和阿道司·赫胥黎（Aldous Huxley）都认为，这是一种用来过滤现实的必要机制，因为现实可能过于丰富或者令人不安，以至于人们无法应对。赫胥黎在其著作《众妙之门》(*The Doors of Perception*)中提道："一旦将知觉之门洗涤致净，人们看清万物原本的样子，那些看似疯狂的事物便会以其无限的原貌呈现在我们眼前。""疯狂"实际上只是对一个失常的世界的理智反应，这种观点最初是由赫胥黎在19世纪50年代提出来的，后来得到了米歇尔·福柯（Michel Foucault）和兰恩（R. D. Laing）的进一步发展。

意识到这些问题对于恰当地理解经历投资战略过程时所要面对的问题是非常重要的，问题正在那里等着投资者。我们必须认识到，我们自己的情感，特别是恐惧，能够并且会扭曲我们的思考。我们坚持自己知道的东西，对我们不知道的东西心怀恐惧；我们渴望那些熟悉的东西，而惧怕变化（柏格森对这个主题做了大量的演讲）；我们重视确定性，害怕不确定性。比如，大多数投资者都愿意以接受较低的回报，甚至可能是负回报的形式为流动性（感知的确定性）支付溢价，而不假思索地对非流动性（感知的不确定性）敬而远之，即使非流动性可能提供更高回报的预期。

而对不确定性的过度恐惧会对战略过程产生根本性的影响，甚至会影响其应有的表现形式。这种影响很微妙，却很强烈。所有这些不确定的状态意味着你不知道将要发生什么。然而，人们似乎将不确定性等同于失控的状态。当然，这是一种谬误。你事先不知道将要发生什么，并不意味着你无法影响可能的结果或者在变化发生时做出反应。然而，这种对不确定性的近乎病态的恐惧造成了一种认知扭曲，这种扭曲贯穿了整个金融和投资领域。

例如，这种认知扭曲正是所谓的“现代”投资组合理论（该理论在20世纪50年代初首次被提出）背后的驱动力。这一理论假定风险与结果的不确定性是同一回事，并且一笔投资的所有实质性风险都能用其过去的周期性回报的波动性来表示。这样一来，不确定性就可以通过数学方法计算出来，从而在某种程度上被得到控制。妖怪固然可怕、令人厌恶，但至少已经被套上了枷锁，关进了笼子。

当然，这本身就是一个谬误，因为你根本就无法衡量不确定性。你能衡量的只是某些结果发生的统计概率，而这些概率建立在完全不合理的假设之上，即未来将是过去的完美再现，正态分布将始终适用（尽管有明确证据表明并非如此）。同样，这也忽略了被称为“赌徒谬误”（gambler’s fallacy）的一个特殊例子。赌徒谬误是由伟大的奥地利经济学家路德维希·冯·米塞斯（Ludwig von Mises）提出的。该理论认为，仅仅因为你知道某个事件发生的概率并不意味着实际结果将与你的预期相符，尤其是在相对较短的时期内或者实验次数少的情况下。

在投资战略过程中，这种对不确定性的过度恐惧表现为一种决心，即坚决固守眼前（感知到）的现实，避免涉足未来可能发生的事件。我们通过假设“适用于今天的任何事物都是确定的和持久的”来寻求控制的假象。因为我们恐惧，所以我们会回避那些令人不快的猜测，即时代将会改变，我们将需要随之改变。这方面一个绝佳的例子是固定收益（最终薪金）养老金计划完全忽略了提高其对寿命假设的需要。

这种思维方式的危险在于，它可能会阻止一系列的分析，从而造成理智的禁区。场景分析应该成为战略规划的一个重要组成部分，放弃它就好比让某人仅仅通过阅读旧约来理解犹太教和基督教。

与很多战略理论和实践一样，场景分析也源于军事参谋学院的走廊。它是军事规划者试图应对不确定性所采用的一种传统方式。如果你不知道实际会发生什么结果，但至少可以确定一个你认为可能发生的候选结果，那么你为什么不反过来从假设的角度去考虑它们呢？你还可以进一步假设其中一些结果可能同时出现。通过这样的方式，你可以构建起一系列可能发生的状态或者场景，并早做安排。

顺便提一下，场景分析最初被阿尔弗雷德·马歇尔（Alfred Marshall）等人广泛应用于古典经济学，他们对“其他条件都不变”（ceteris paribus）进行了崇高描述。严格地说，这个拉丁语词汇的意思是“所有其他情况均相同（或者均保持不变）”。在实践中，这意味着保持除了一个变量之外的其他所有变量不变，让这个变量变动，看看会发生什么。尽管在数学上这并不能令人满意（因为任意数量的变量实际上都可能影响任意数量的其他变量），但是这可能是一个有用的分析练习。

因此，世界上所有大国的军事计划制订者每年都会准备和审查一项计划，以应对与其中一个大国或者多个大国的战争状态。例如，直到第一次世界大战前不久，英国还在为可能与法国交战制订计划。

但这并不意味着英国认为极有可能与法国开战——尽管在某些情况下（比如法绍达事件），在普通大众看来似乎是这样——更不意味着英国有意与法国开战。这仅仅意味着英国认为与法国开战的可能性很大，而一旦开战，就将产生非常重要的影响，因此需要制订计划。在实践中，人们主要是由于情感而没有很好地理解这种区别。通常情况下，如果人们认为某件事可能会发生，并为此制订计划，就将被视为接受它会发生，甚至组织中的某些人可能真的想让它发生，这或许是因为他们能够证明自己对未来的愿景是正确的。

当涉及可能令人不快的人为结果时，人们对此的情绪反应可能会高涨。那些心怀猜疑的人会说："除非你认为事情会发生，不然为什么要制订计划呢？"与投资不同，这可能是公司战略中一个特别微妙的领域。由于情感和现实的原因，构建一个可能导致减员的场景通常被认为是不可接受的。一旦被员工发现，管理层就会解释说他们仅仅是在考虑自己的选择，这听起来或许会让人不安。

所有这些都是令人遗憾的，因为场景分析的巨大吸引力是显而易见的。通过为你要考虑的不确定性的某些方面设定界限，你可以做好面对可能的结果的心理准备。这件事是否会发生仍是一个疑问，但是如果它真的发生了，那么它的后果就不太会让你感到意外。例如，历史上最巧合的事情之一就是，德国军队在盟军入侵诺曼底的时候进行了一场军事演习，而演习的场景假设就是盟军入侵诺曼底。德军的演习计划是由一位特立独行的将军制订的，人们认为这是最不可能发生的场景，而这恰恰反映了盟军实际的作战计划。德军的一些参谋被命令原地待命，继续参加这场"演习"，直至"演习"结束都没有回到总部。这场演习代替了真正的作战部署（这些可以从德军的战地报告中看到），也成了行动建议的真实反馈。

然而，场景分析最大的吸引力似乎也正是它最大的弱点，至少从人类的心理来看是这样的。为了模拟某个场景，不论它发生的可能性有多小，你都不得不在心里默默承认它可能真的会发生。因为在大多数情况下，不确定性是令人烦恼和不安的，所以人们一开始就不愿意承认这一点。这反过来又会导致一种强烈的倾向，即只考虑目前流行的东西（或者至少是人们认为目前流行的东西）而忽视其他可能性的存在。因此，对于大多数投资者而言，场景规划并不是战略过程的一部分。

然而，令人既惊讶又失望的是，回避有压力的讨论的愿望将场景分析推向了极端。参与者不仅不愿意考虑周围环境的结构性变化，而且还选择忽视他们自身处境这一令人不快的事实。例如，英国的养老基金屡次在对养老金的审议中忽略了对自身资金不足的考虑。就像查尔斯·狄更斯（Charles Dickens）笔下的米考伯先生（Mr Micawber）一样，相信"总会有转机的"。对它们而言，幸运的是，转机的确出现了。它们干脆挥舞白旗、关门停业，而不是打算弥补资金缺口。这对这些投资者而言是一场伟大的胜利，因为他们能够以这样的方式彻底逃避为自己的行为（或者更确切地说是完全没有行动）后果承担责任。在第 4 章中，我们将这类不相信自己能够或者应该为事件承担责任的宿命论者称为"皮埃尔式投资者"（Pierre investors）。

在投资机构内部，有没有进行场景规划的差异是很明显的。目前，在面对带有敌意的政府行为、高通货膨胀，甚至人们对纸币的信心崩溃等情况时，那些相信我们能够重塑周围事件的投资者【即玛丽亚式投资者（Maria investors），参见第 4 章】考虑的是如何保护投资者资本的实际价值。而皮埃尔式投资者只是袖手旁观，任由事件在时间的洪流中发展。如果这些事件发生，玛丽亚式投资者早已考虑到事件的后果和应对之策。甚至在某些情况下，玛丽亚式投资者已经先发制人地采取了行动。

因此，场景规划应该在投资战略过程中进行，但是很少有人这样做。相反，人们往往只考虑目前能想到的未来可能出现的情况，无论是组织本身的，还是更宏观的环境的。

正如我们所看到的，在这个过程中很难不掺杂情感。事实上，大多数人不仅无法将情感与决策过程分开，而且他们认为没有理由这样做。相反，他们很可能会对那些拥有这种能力的人感到十分愤怒，而拥有这种能力的人则可能对自己认为是欺骗的事情感到异常愤怒，因为他们相信情感可以并且应该用于私人目的，比如爱情和家庭关系等，而不应该出现在工作场合。

情感不仅会以多种不同的方式扰乱人们的思维，还会导致人们选择或者放弃不同的目标，尤其是当其中一些目标只能在给他人带来痛苦的风险下才能实现的时候。它会使一些明显不相关的因素发挥作用，从而模糊真正的问题，阻碍建设性的讨论。它会使参与者难以挑战“共同世界”，即该群体公认的准则和态度。特别是，它可能导致关于组织的不受欢迎的事实被过滤掉，从而使事情从一开始就面临着方向性错误的风险。

因此，无论选择谁执行这个过程，心理学方面的实用知识都对他有极大的帮助。或许不可能完全消除情感的影响，但是至少当这种影响出现时，如果推动者能够承认它，并且与所涉及的个体发生共鸣的话，就可能有机会以某种方式减少或者转移破坏性影响。

场景规划是（或者应该是）投资战略的一个重要组成部分。在考虑周围环境的挑战和机遇时，不仅要关注那些现在确实存在的问题，而且要关注那些未来可能发生的问题，这一点很重要。考虑到当前经济事务的总体不确定性，而且这种不确定性无疑要比我们之前所知道的任何情况都高得多，场景规划过程将变得既必不可少又更具挑战性。

一旦梳理出了个体的可能性，人们所面临的挑战就在于确定这些可能性是如何相互作用的。“其他条件都不变”是一个很好的想法，但是现实生活中的事件并不会如此配合，甚至某些事件还会相互排斥，但这是有益的，因为显然不必将它们放在一起建模。而对于其他事件，要在它们的相互关系上达成一致可能会困难得多。经济增长与通货膨胀会如何相互作用？政府将如何通过改变退休年龄来应对人类寿命的延长？（对某些人而言，这似乎有些晦涩难懂，但这对养老金至关重要。）

当然，这些都是主观的判断。因此，任何两个个体之间，更不用说任何两个集体之间，都未必能达成一致。“共同世界”很可能会再次发挥作用。当然，一些可能的场景应该被描述和探讨。正如纳西姆·塔勒布（Nassim Taleb）在《黑天鹅》（*Black Swan*）一书中指出的，作为人类，我们很可能会忽略一些可能性事件。他把这些事件归类为发生概率低却高影响的事件。换句话说，如果某种特定的结果出现的可能性极低，而一旦出现这种结果，那么其影响就可能是灾难性的。因此，符合逻辑的做法就是准备好一个应急方案，以应对这种结果真的出现时带来的不测。例如，在这个政府负债累累的时代，明智的做法可能是想象一个对法定货币的信心已经崩溃的世界，无论这样的结果可能被视为多么不可能出现。但是，如果从未考虑过应该如何应对这样的事态，或者从未考虑过如何尽可能地抢先一步采取整体或者局部的行动，以阻止该结果的发生，那无疑将是愚蠢的。我们将在第 12 章中详细讲述这一点。

情感，而不是理性，不仅会影响战略计划的制订，而且还会影响人们对战略计划的接受。在这里，一些强大的情感驱动因素可能同时在发挥作用。人们对接受那些他们没有参与的决策有一种与生俱来的抵触，尽管参与的愿望很强烈，但是组织中能够参与战略计划制订的人毕竟是少数。人们对变化有一种与生俱来的恐惧，而大多数战略结果都会导致一些变化。尽管我们对不确定性有一种与生俱来的恐惧，但是一个好的战略计划会迫使我们面对不确定性而不是逃避它。人们天生就不愿意从已知领域走向未知领域，而任何好的投资战略过程都必然会提出远离股票和债券，当然这是针对当前环境中的长期投资者而言。

一个好的推动者会通过提前做好准备以及在输出文件的措辞上下功夫来推动整个投资战略过程的顺利进行。正面的、肯定性的措辞将有助于人们在情感上的接受，比如使用“挑战”而不是“问题”。然而正是在这一点上，首席执行官、首席投资官以及其他负责监督计划实施的人都需要发挥自己的作用。他需要掌控计划的执行，并且以令人信服的方式将该计划向下传达给员工，向上传达给董事会和非执行董事等。这里的挑战是你需要带领人们跟你走，引导他们相信该计划并且执行它，而不是因为你告诉他们要这样做。

这在理论上说起来容易，但是在实践中却很难做到。如果管理者在战略过程中坦诚地识别并揭示出那些不受欢迎的事实，比如资金缺口、监管阻碍或者在关键领域缺乏专业知识等，那么其中的一些步骤可能会让部分员工难以接受。然而，一位好的沟通者不会回避这一挑战，也不应该回避。对于战略计划而言，动力就是一切。

拿破仑·波拿巴曾经说过，战略是在时间和空间中推进的。你所选定的战略计划没有被执行到位的每一刻都是在浪费时间。更糟糕的是，每浪费一分钟，你的战略就不太可能成功。在组织内部，还有一种更致命的威胁——惰性。计划必须被执行，而且要让人们看到它在被执行，否则它就会面临落入惰性的深渊，并随着时间的流逝而面临越来越难以挽救的风险。

遗憾的是，投资战略往往被视为组织内部的政治足球，关键人物之所以阻挠提案并不是因为他们不相信这些提案，而仅仅是因为这些提案被视为得到了其他人的支持。在这些情况下，悄悄拖延策略可能意味着策略会被慢慢遗忘，或者至少会遇到重重阻碍。

然而，我们可能有些操之过急了，因为我们还没有考虑如何最完美地执行这个过程，我们将在第 3 章中重点阐述这一点。不过，我们已经开始理解投资策略过程可能有多么复杂和具有挑战性。生活并非一盘棋，我们走的每一步不可能都是经过深思熟虑的，生活应该是理性和情感的复杂互动，而且对大多数人来说，情感的作用更强大。无论是在战略过程中，还是过程的结果被最好地传达和完成的方式，一个有效的战略过程都应该将如何妥善地处理情感问题考虑进去。

如今，心理学家已经认识到，心理学家卡尔·荣格（Carl Jung）对“思维”和“感觉”进行的分类虽然是合理的，但可能并不足以解释人们思考和行为的复杂性。比如，两者之间是否总有必然的联系？人类的很多行为可能是出于本能的，比如因为想要喝水而拿起一杯水，而不是出于理性或者情感的驱动？然而，尽管上述分类确实为我们提供了一个有用的起点，但是如果简单地假设其他人将采取与你相同的方式去处理问题，那就大错特错了（这也是我过去常犯的一个错误）。

很多人不仅不愿意，而且显然无法去“思考不可思议的事情”。他们那些更理性的同事可能会厌恶甚至蔑视这种明显的弱点。同样，那些处于“感觉”另一端的人可能会对被他们视为无情、残忍和不人道的提议感到震惊和排斥。然而，任何战略结果都必须源自集体组织的观点，而根据定义，这必然是对理性和情绪进行权衡之后的一个综合结果。

威廉·莎士比亚总是能一如既往地洞悉人性。在其所著的《特罗伊罗斯与克瑞西达》（*Troilus and Cressida*）中，他让希腊人代表理性，让特洛伊人代表情感。在第一幕中，他向我们展示了希腊的领袖们，在第二幕中他展示了特洛伊人，双方争论的焦点基本相同：海伦是否应该被送回。赫克托耳（希腊人）谈论理性、秩序和自然法则，特罗伊罗斯（特洛伊人）谈论感情和荣誉。特罗伊罗斯轻蔑地把逻辑（希腊人的发明之一）撇在一边说：“不，如果我们谈论理性，那么我们就关门睡觉吧。”上述反应会引起很多人的共鸣，因为他们都会因其同事拒绝对某个特定问题进行客观和理性的思考而感到沮丧。

很多战略家可能认为情感是战略过程中的拦路虎。然而，我们是人，有时候情感能将我们带到理性无法企及的高度。在1940年的夏天，像哈利法克斯勋爵（Lord Halifax）① 这样的“思考者”会相当理性地指出，英国当时很无助，英国军队已经将其所有的装备都丢在了敦刻尔克，并且面临着迫在眉睫的食品和资金危险；建议通过墨索里尼与希特勒进行和平谈判。然而，经常会被感动得流泪

---

① 哈利法克斯勋爵可能是希腊人。

的“感觉者”丘吉尔[1]却全然不顾其同事的尴尬，愤然拒绝了所有的这类建议。同样，任何对 20 世纪 60 年代初期美国航天项目的逻辑分析都可能得出这样的结论：就当前的技术水平而言，尤其是计算机方面的技术，当时是无法实现（人类登月）目标的，建议暂时搁置一切计划。

事实上，实际情况比上文所描述的还要复杂，而且不是那么非此即彼的。这种过度简化是有意为之的，因为它对于让人们理解这一点至关重要，而且最好是尽可能直截了当地做到这一点。

然而，正如我们所看到的，心理学家早就认识到，尽管荣格对思维和感觉的描述是新颖和富有洞见的，但是他并没有充分解释理性和情感在决策中相互作用的方式。如今，一种更主流的方法着眼于至少五个可能发挥作用的因素，它们都在相互作用。这五个因素分别是开放性、责任心、外倾性、宜人性和神经质性。因此，如果用图形表示的话，那么每个人的性格类型都会出现在五角星上的某个位置上。

开放性既不意味着快速叙述和解释自己的行为，也不意味着平易近人（尽管这两种品质往往都会表现出来），而是对新体验的开放性。这些新体验将包括情感状态和想象的行为。那些在开放性方面得分较高的人可能更有创造力和想象力。他们可能有能力以图像的形式表达想法，而不是用枯燥的文字描述。他们可能会同时有很多想法，并在这些想法之间建立看似随机的精神层面的联系。因此，他们可能经常持有不同寻常的甚至有些古怪的观点。

责任心带来了对秩序的需要和对细节的关注。总是以完全相同的方式布置的整洁的桌面正是责任心的一种体现，详细、有条理的笔记同样如此。这种人格特质会引发对计划的渴望和对即兴创作或者概念性推测的不信任。那些在责任心方面得分高的人可能比那些在开放性方面得分高的人更害怕不确定性，因此会过度

① 丘吉尔可能是特洛伊人。

看重结果的确定性。

外倾性和它的孪生兄弟——内倾性都是基于对人际互动的需要和舒适度，以及自发的（外倾性）或者深思熟虑（内倾性）的行为的倾向。极端外倾者不仅想要成为群体的一员，而且还想成为这个群体的焦点，而他们内倾的阴影自我（shadow self）会采取观望态度，甚至会离开去做自己的事情。外倾者能成为好的谈话者，而内倾者能成为好的倾听者。外倾者能成为好的销售人员，而内倾者能成为优秀的分析师，尤其是如果他们在责任心方面得分也较高的话。

宜人性的含义比其在日常使用时的含义更广泛。它包含了一种让人们快乐的愿望，并且重视这样做。它是一种更广泛的关于善的真情实感，是自我利益服从群体利益的一种表现。尽管这些听起来像是一种令人钦佩的品质，但事实上从组织的角度看，它们也存在负面影响。那些在宜人性方面得分高的人往往具有很高的非对抗性，而且过于容易妥协。在处理任何问题时，他们最关心的往往只是达成一致意见的结果，而几乎完全不顾结果是什么。在投资决策过程中，每当任何清晰的问题开始变得模糊时，你都可以确定是某些有着强烈的宜人性人格的人在起作用。

那些表现出神经质性特质的人并不像很多人认为的那样是有妄想症的。因此，用“精神错乱”来描述这种状态更准确，尽管“精神错乱”有一个更精确的心理学术语，它通常暗示着与现实失去了联系（暂且假设真的存在所谓的“现实”）。确切地说，神经质性是一种体验负面想法和心理状态的倾向。那些在这种特质上得分高的人更有可能经历过抑郁或者忧郁，而且这种状态更有可能持续很久。他们倾向于将问题视为前进过程中不可逾越的障碍，而不是需要克服的挑战。他们是自然界的忧虑者，是投资界中的伍迪·艾伦（Woody Allen）。当他们在责任心和内倾性方面的得分也很高时，他们几乎无法与人相处，最好的办法就是把他们“流放”到瑞典北部去经营一家分公司，那里的冬天可能会让他们感觉舒服自在些。

你可能想要在这个阶段暂停一下，对自己进行一些诚实的五因素分析。这可能是一个具有启发性的练习。如果你似乎都具备每种因素的某些特征，并为此感到困惑的话，请你不要担心，这应该是正常的。然而，你可能会发现，五个因素中的某两个因素往往会更突出。现在，你可以对那些与你一起生活或者工作的人进行同样的分析，但是你一定要记住，你首先会通过自己的感知和先入为主的过滤器来观察他们。

就像第 3 章中所描述的，对于任何负责实施整个投资战略过程的推动者而言，对那些被提议参与战略决策的人进行一些初步的五因素分析是至关重要的。这里的“推动者”一词是经过深思熟虑而选定的。推动者是能够让一群人更容易实现他们的共同目标的人。要做到这一点，对推动者而言，最重要的是，无论这个群体作为一个整体还是不同的个体，他都应该对他们对某些想法做出哪些反应有所预感，因为这些反应都有可能会受到他们的人格类型以及本能的情感反应的强烈影响。

当我们需要找到一个合适的词汇来描述成功衡量了自己和他人的人格因素的程度，以及这些因素在一般和特定情况下如何发挥作用时，或许可以使用“情商”（emotional intelligence）这个词。但是，如果从学究的角度来看，这种表述可能会受到攻击，因为“intelligence”这个词在学术界有各种精确的含义，其中只有一些（自我意识、理解等）比较适合这个语境。然而，鉴于我们已经清晰地定义了我们的意思，我们就把学究们的说法彻底忘了吧。

在尝试确定任何投资者的目标以及如何成功地实现这些目标时，我们需要实施战略过程。为了使所选定方法的成功概率最大化，我们需要尽可能出色地实施这个战略过程。如果推动者能够意识到并理解在其中发挥作用的各种情感，以及驱动这些情感的人格因素的话，那么成功实施这个过程的概率就将明显提高。

换句话说，投资仅仅拥有智慧是不够的，还必须有高情商。

INTELLIGENT INVESTING

第3章

战略的实施过程

战略过程是投资的一个重要起点。除非在一个更广泛的战略计划框架内，否则任何行动或者任何决策都必然是徒劳无用的，甚至可能会妨碍目标的实现。那些能够意识到制定最佳战略的重要性，对新想法持开放态度，相对不受狭隘的监管的阻碍，并且沟通和决策过程简短迅速的组织将更容易且成功地完成这一过程。

战略过程在很大程度上可以被称为一段智慧之旅。对于大多数参与者而言，一旦他们知晓了自己需要什么，就会觉得这段旅程是非常令人愉快的。以一种完全不同于往常的方式开动脑筋是一种令人畅快的体验，战略课程在商学院大受欢迎就是例证。然而，这也是一个实践的过程，它能让智慧在实践过程中发挥作用。当然，最好还是从一开始就明确哪些事件可能使成功的结果发生的可能性更大或者更小。

由谁来实施战略过程

战略过程不会自己运行，选择合适的人（"推动者"）来做这件事可能会成功，也可能会失败。

资深的专业人士（为了方便提及，我们称其为 CEO，尽管在实践中，这样的人可能会有不同的称谓）自然倾向于掌控投资战略，而且既要制定投资过程的时间表，又要设定讨论的范围。尽管这样做在预料之中，但他们或许应该抵制这种冲动，除非他们具备一些具体的战略专业知识，原因如下。

第一，最好的战略讨论需要一定的距离效应（distancing effect），即有超越日常事件并对它们嗤之以鼻的能力，因此有了"直升机视角"（helicopter view）这种说法。根据定义，那些密切参与发生在战术和操作层面的日常事件的人做到这一点，要比那些不参与的人困难得多。

第二，强烈的自省是一个必要条件，了解和评估更广泛的环境也是必要条件。那些对其他投资者如何思考和行动有着丰富经验的人，比那些仅仅对所在组织有深刻了解的人更有优势。

第三，这个过程需要所有参与者坚定地全身心投入，如果执行这个过程的人同时也是其个人未来职业发展（或其他）的关键人物，这可能就很难做到。我清楚地记得一位 CEO 在目送一位即将离开现场的参与者时嘀咕道："这很有用——我从来不知道他会有这种感觉。"正如我们将要看到的，如果这个过程是由一位局外人来执行的，那么我们至少能做一些事情来缓解这个问题。

第四，在理想情况下，推动者应该是能够保证这个过程正常进行，并掌控讨论的范围和焦点，而不寻求影响或者贡献实际结果的人。这个人的职责是确保这个过程得到适当的实施，而不是把他的个人意见强加于不同可能性的竞争优势。事实将证明，任何 CEO 都很难胜任这个角色。

那么，谁是实施战略过程的最佳人选呢？对于一位需要长期顾问的投资者而言（比如养老基金），他很可能把长期顾问视为继 CEO 之后的下一位人选。同样，出于以下原因，这样的选择应该被抵制，无论理由是多么动听和有说服力。

第一，人的天性就是这样的，会有一种自然却令人遗憾的本能，把这个过程本身以及任何被任命来实施这个过程的人视为一种威胁。人们会认为，我已经尽力为这些人的投资提供建议了，他们为什么还要寻求别人的建议呢？事实上，导致这个过程形同虚设的最常见原因是，应该发起战略讨论的那个人实际上什么都没做。也许是迫于律师和保险公司的压力，投资顾问可能会倾向于尽可能不给出积极的建议，而仅限于按要求提供信息。

第二，这些年来，投资顾问已经带领投资者义无反顾地走上了一条特定的道路，而且他们有非常强有力的理由不改变自己过去给出的任何建议，这些理由既有心理上的，也有政治上的。

第三，不同的顾问在他们自己的公司中会有不同的优势与劣势，他们自然倾向于将投资者推向那些自己已经掌握了很多专业知识的领域，而远离那些他们不了解的领域。否则，他们将面临至少会失去部分授权的风险。

第四，这一点往往被忽视，当涉及养老基金时，顾问通常也代表该基金的发起人（雇主）行动，因此会存在利益冲突，尤其是当该养老基金出现赤字的时候。发起人的利益（保持资产和负债的会计价值尽可能同步）显然不同于该基金本身的利益（未来有充足的资金能够在养老金偿付责任到期时偿付）。

当然，在不考虑发起人所处的环境及其态度的情况下就确定投资战略是无稽之谈，但是制定战略的应该是基金的受托人，而不是发起人，他们不应该逃避这个责任。基金的受托人应该首先说明他们认为的最优战略是什么，然后与发起人讨论他们可能会如何应对。正如我们将要看到的，这是一个循环过程，或者面临变成一个循环过程的风险。比如，如果基金对发起人会提供捐款做了某些假设，然后得知这种假设是错误的，那么这就将提高所需的目标收益率，从而导致一种新的战略和新的讨论①。

但是，如果这个过程是由发起人向其支付报酬的第三方运行的，那么从一开始就很难确定最优战略。正是由于未能认识到这个问题，导致了这样一个事实：到目前为止，大多数养老基金的“战略”（当然，这说的是英国的养老金）都是为了便于发起人进行会计操作，而不是为了该基金未来的资金需求而设计的。

大概只剩下两位候选人了，要么是董事长或者其他非执行董事，要么是外部人士（比如独立顾问等）。前者可能很合适，因为这样的人通常不仅有应对该组织的经验，而且也有应对那些可能正面临类似问题和考察类似选择的其他组织的

① 养老金监管组织（Pension Regulator）的存在是为了解决在英国养老金计划出现赤字的情况下，可能出现在这一过程中的任何僵局。然而，英国政府认为将这项保护扩展至公共部门的职业养老金计划是不合适的，因为这些养老金计划的偿付责任由政府本身担保。其他国家有不同的制度和组织。

经验。他们自己可能也有投资管理方面的背景。然而，候选人还应满足以下两个要求。第一，这个人应该具备一些运行战略过程的经验。正如我们将在下一节看到的，这是一项非常专业的技能。第二，考虑到我们已经说过的 CEO 的角色，在与 CEO 保持一定距离的关系的意义上，他们必须真正独立。他们还必须是其他参与者能够绝对信任的人，不会泄露别人私下告诉他们的任何内容。

当满足了这两个要求时，这样的人才是推动者的理想人选。如果没有理想人选，就应该坚定地考虑任命一个独立的第三方。

推动者的作用

这个过程的成败将取决于推动者的表现。早在举行第一次会议之前，推动者就已经开始发挥作用了。

本书后面的内容将列出会议要讨论的问题。这些问题应该分发给所有参会者，供他们提前考虑，而且如果可能，推动者应该与每位参会者进行一次私下的谈话，在保密的基础上征求他们的意见。通过这种方式，推动者可以在会议中说“在我们的讨论中出现的另一个观点是……”，而不用指明这个观点的提出者。

理想情况下，对业绩有重大的潜在影响的战略过程会占用董事会的大部分时间，因此讨论可能会持续几天。然而，在现实中，情况却有所不同，这主要是因为人们普遍误解了战略的至关重要性。因此，可能只为此留出了一天的时间。在这种情况下，推动者必须设法预见到所有可能出现的问题，并尽可能提前准备相关材料。

一旦讨论开始，推动者的任务就是让讨论朝着正确的方向进行。这并不像听起来那么容易。大多数人都有从一个问题转向另一个问题的倾向，而这是不行的。推动者必须坚持让讨论组先解决一个问题（或者至少得出一些暂时性的结论），再进入下一个问题。当遇到一个与已经讨论过的问题相关的问题时，推动者的工作就是让参会者查看之前的会议记录，看看达成的决定是否与之前的结果一致。

最重要的是，推动者必须保证对意见的所有反应都是非评判性的。在等级森严的组织中，这一点尤其重要。在这种组织中，如果允许一位高层人物这样做的话，他可能轻而易举地就会主导会议。往往一个问题看起来越愚蠢，问得越犹豫，它就越有道理，因为它经常会挑战人们长期接受的一些假设。会议的首要任务就是提出这样的问题。还记得我们的朋友“为什么”吗？

推动者决定如何这样做将是个人风格的问题。在某些文化中，人们必须对高层人物毕恭毕敬，因此会变得老练圆滑。而在其他文化中，人们可以尝试一种更加非正式的方法。我曾经用足球裁判的哨子和红、黄牌做过实验。无论采用何种方法，推动者都必须确保会议始终保持正确的方向，确保每个人都参与其中，并以非评判性的方式接受意见。

在口头讨论结束后，通常由推动者将达成一致的战略以书面形式整理好。对于这种书面形式的内容而言，少即是多。最好是直截了当地陈述所达成的基本结论，而不是说一些细枝末节。内容越多，那些对结论不满意的人就越有可能提出异议。提供的细节越少，就越容易制定出适应战略的战术。记住，这在很大程度上取决于要做什么，以及为什么要这样做。如何做以及什么时候做实际上是战术考虑，可以推迟到以后再讨论，或者最好是尽可能委托给那些有权做出决定的人。

事实上，这个原则有几个重要的例外，这些例外将在以后变得更清晰。但是，就我们目前的目的而言，我们将忽略这些例外。

谁应该参与

最重要的是，那些实际负责执行战略的人都应该参与这个过程。这通常指的是对投资过程有最高权力的人，这一点很重要，因为在很多情况下，这个人会被出人意料地排除在资产配置决策过程之外，而受托人或者非执行董事做出了这些决策。这是非常不合逻辑的。正如我们所看到的，驱动该组织几乎所有突出表现的是战略决策，因此不仅应该在这些方面投入大量时间，而且还应该投入高层投资专业人士所能提供的专业知识。此外，首席投资官不愿意（或者应该不愿意）为他们没有参与构建的投资组合的表现承担责任。

最近刚从其他地方的资深投资岗位上退休的人士可能会成为这个过程的有用补充。这些人不仅能带来渊博的知识和丰富的经验，而且他们作为“局外人”的身份也能极大地帮助他们挑战组织内部根深蒂固的传统智慧的教条。推动者应该对这种可能性保持警惕，甚至要为这些人可能提出的某些问题做好准备。

如果这一切听起来过于政治化或者似乎过于关注讨论中的人性方面，那么这可能说明你还从未参与过这样的讨论。如果你已经参与过这样的过程，如果这个过程很顺利，并且得出了一个好结论，那么你几乎是令人难以置信的幸运。在实践中，这个过程经常受到人为因素的干扰，最常见的情况是一个身居高位的强势人物固执地拒绝承认正在做事的方式（以及之前一直采用的做事方式）存在任何问题。无论是有意还是无意为之，这样的人都能够迅速地把讨论从战略层面完全转移至其他事情（比如如何选择经理人等）上。

因此，关键在于，推动者应该对任何情绪因素或者其他行为因素保持警惕，并设法提前计划以预防这些因素。

应该在何处进行

强烈建议这个过程中的小组讨论部分在异地举行，比如在酒店或者会议中心举行。人们往往以费用或者便利程度为由反对这一建议。由于很多高管都不善于把工作委托给其他人，你也可能听到这样的反对，比如“我抽不出一整天时间来参加”。

一个好的推动者会平静而坚定地坚持将讨论放在异地进行，这是有必要的。第一，身体上远离战术和操作问题是有心理优势的。第二，不论事先做了多少承诺，人们还是会离开会场去接听电话，或者趁着休息时间离开。

应该明确的是，这是该组织可能进行的最重要的讨论。应该提前在工作日程记事簿中加一条说明，明确地传达会议日期在任何情况下都不会改变的信息。当然，所有这些都需要得到该组织高层的支持，因此他们至少要意识到所涉及内容的根本重要性，这一点至关重要。

到达会场后，所有人的手机和其他电子设备都应该关闭并上交。同样，推动者应坚持这一点。

应该如何组织讨论

由于人们通常对战略的实际含义知之甚少，以一个简短的对战略的说明作为开始往往是个好主意，而这件事最好由推动者来完成。当然，如果事先让所有的参会者都阅读了这本书，那么会议的这一部分可以尽可能地简短。

就一些完全不相关的话题进行一次简短的头脑风暴会很有帮助，比如一只空桶可能用来做什么，这提供了一个机会来解释有关评判性评论的游戏规则。这不仅有助于打破僵局（如果有需要，可以轮流请每个人发言来让他们都有所贡献），而且还有助于打开思维，换一种方式思考问题。

此时，推动者的任务是“引导”参会者平稳地完成整个过程，依次考虑将在本书余下的章节中介绍的各种问题。最重要的是，推动者要控制讨论，而不是实际参与讨论，这是一个需要维持的非常微妙的平衡。通常来说，推动者应该仅对以下情况进行干预：澄清某些问题（比如，如果不确定某人的确切意思或者担心两个独立的问题变混淆）；使讨论保持正确的方向（“等等，让我们一次只处理一个问题”）；继续讨论下一个话题。他们也有责任确保每个人都有贡献，而不是一两个人独占了讨论。

这个过程应该多久重复一次

执行这个战略过程最重要的时机是第一次执行。因为如果实施得当，这将使组织走上正确的道路，从而使讨论可以顺利地转向战术和操作事项的细节。事实上，如果这个过程仅发生了一次，那么该组织就已经拥有了明显的竞争优势，因为对世界上绝大多数投资者而言，这个过程根本就从未发生过。

应该多长时间重复一次这个过程是组织需要考虑的问题。这部分取决于能够留出多少时间（在实践中，这个时间非常少，而且人们不情愿留出时间）；部分取决于投资者在长期/短期发生的事情上的立场。就目前而言，后一点意义不大，但是在适当的时候将变得更清晰。

事实上，这个过程可能会重复得过于频繁。这也许是非常危险的，因为这会产生修改早期决策的诱惑，而不利于就长期方法达成一致并坚持下去。事实上，一些人认为投资组合的回报与改变其组成部分的频率之间可能存在负相关的关系。我曾经在美国的一次投资会议上听到有人将这种观点表述为“你越是频繁地审视自己的投资组合，你的业绩可能就越糟糕”。

理想情况下，这个过程不仅会就资产组合达成一致，而且还会达成一项再平衡投资组合的协议，无论是一年一次、每六个月一次，还是每季度一次。由于再平衡应该是一个自动过程，所以它可以并且应该被授权进行，而且应该不需要董事会或者投资委员会进一步批准。

最好的做法可能是让参与者每年留出半天或一整天时间（对很多董事会而言，这将是它们每年四次季度会议之一），专门用于考虑是否发生了任何可能需要改变已商定战略的变化。这些变化可能只是针对该组织的，或者是涉及当前环境的（比如适用于特定类型的投资者的监管变化），或者是发生在全球范围内的，尤其是如果这些变化专门针对的是被选定用于投资的资产类型之一（或者可能使此前被拒绝的一种资产类型更有吸引力）。

然而，即便如此，把目光牢牢锁定在即将发生的事情上也是很重要的。常常会有人提出这样的观点，比如“我认为目前不是投资股市的好时机”。这种说法有很多可疑之处：第一，如果一个人的投资期限是多年，那么短期波动就是无关紧要的，而且正如稍后将解释的，短期波动实际上可能是有益的；第二，如果人们已经同意了自动再平衡，那么这样的波动就将被消除并被用于获利；第三，持这种观点的人可能经常担心市场会下跌而不是上涨，并成为情绪压力的受害者，这种情绪压力会驱使很多投资者低卖高买。

一旦人们对各方就一种明智的长期方法达成一致而感到高兴，那么比起简单的再平衡，人们应该会非常不情愿地开始改变资产配置类别和水平。事实上，很少会发生真正的结构性变化，因为从长期看，这种变化会导致资产类型的吸引力明显下降，而且在任何情况下，人们通常只会在事后而不是事先发现这种变化。要时刻谨记迈克尔·波特说过的话：“战略必须有连续性；它不能被不断地改造。”

输出应该是什么

这个过程所形成的文件既应该陈述参会者已达成一致的结论、已确定的目标以及为实现这些目标而选择的方法，也应该明确已经识别出哪些具体的风险，以及所选择的战略力求在多大程度上减少这些风险的可能影响。

这份文件有三个主要目的，尽管这些目的可能因组织不同而有所不同。

第一，它使参会者的注意力集中在已经讨论和达成一致的内容上，给他们最后的机会来改正错误。然而应该明确的是，这不是重新审视或者重新开始对话的机会，而仅仅是为了核实概要是否确实准确地记录了已经讨论和达成一致的内容。

第二，它将作为战略计划中的战术部分的输出。这可能不会与战略计划的所有参与者都有关，尤其是因为他们中的一些人可能是以非执行董事的身份参与的，但通常至少会涉及其中一些负责将计划执行到位的人和一些新成员，这些新成员可能是专家，他们要么精通某种特殊职能（比如结算、监管、经理人选择等），要么十分了解特定的投资领域。

这个新团队的任务是将战略计划转变为切实可行的投资方案。尽管这将涉及本质上是战术性而非战略性的考虑，但将它看作对战略过程的一种延伸可能更方便，至少在它能够使反馈循环得以运行的情况下是这样的。如果战略过程已就某些事情可能发生或者这些事情能以某种方式完成的假设得出某些结论，而且战术分析表明事实上这种假设是有缺陷的，那么就应该将这些信息反馈给战略团队的成员，看看他们是否愿意基于实际可能的情况，而不是他们认为可取的情况来改变他们的想法。

这往往发生在已经能够获得了详细的监管建议，以及管理、交易或者其他费用将明显高于最初预期的情况下。也可能发生在从未考虑过的项目上，比如将资本投入某些资产类型（尤其是私募股权、基础设施和房地产）所需的时间以及应该如何使用这些资金。

第三，这份文件可能经常不得不向第三方披露，甚至向公众公开。比如，在很多司法管辖区，养老基金必须提供一份投资原则声明，该声明是（或者更确切地说，应该是）投资战略过程的输出。在这种情况下，人们可能认为应该尽可能笼统地陈述这些原则，但是至少应该给出资产类型之间的分配水平，以及在这些水平上确定这些原则的理由。

接下来会发生什么

读到这里，我希望你们能明白，为投资战略编写一份规范性指南根本是不可能的。例如，当然不能以与编写一份关于如何拆卸特定型号的汽车引擎的工作手册相同的方式来编写投资战略指南。对于应该发生的事情，人们当然可以制定规范性说明，但是即使表述没那么笼统，也很难做到。因为组织结构不同，治理力和决策方法也不同，当然，行动自由程度也不同。比如，指望一家被严格监管的公共部门以与私人客户的财富管理相同的方式进行内部运作是不合理的，指望一个专制政府的主权财富基金以与纽约或者伦敦的小型家族办公室相同的方式工作也是不合理的。

当然，通常情况下，战略过程从未被实施，因此人们应该对于任何形式的战略输出都心存感激。然而，问题仍有可能出现，要么输出从一开始就不是真正具有战略性的，要么它本身就被视为目的，从未付诸实施，而是被人们悄悄遗忘了。

第一个问题的出现通常是因为这个过程没有被恰当地执行，战略层面被彻底略过，讨论直接转向了其他问题，比如资产配置的最优水平以及管理人数量等。显然，在缺乏战略参数的情况下，任何这种讨论本质上都是徒劳的。但是事实上，这种讨论能够并且确实发生了，还被例行公事地作为“战略”忽略了。这就非常清楚地表明，在投资行业中，人们对于战略的真正本质知之甚少。

进一步的规划练习和行为思考

理想情况下，一旦制订了战略计划，就可以开始以上提到的进一步规划了。这将需要研究已经达成一致的资产配置如何才能更好地被执行到位，还需要仔细地讨论如何在每种情况下都能获得最好的覆盖率，以及讨论那些将在本书后面章节中探讨的问题。

除了可能的固定收益和上市股票以外，很少有投资者会对组织内部可提供的不同资产类别拥有专业知识。即便有，也可能只是部分了解，比如，新兴市场可能代表一种特殊的知识鸿沟。因此，这个过程将必然涉及从外部寻求这样的知识，这时顾问特别有用，尤其是那些特别精通某一特定资产类别的投资顾问。

不过要当心，无论投资顾问告诉你什么，都可能经过了一定程度的过滤。按照惯例，通才型投资顾问不建议人们尝试所谓的“另类”资产（债券或者股票以外的任何资产），因为他们缺乏可靠的专业知识来处理这类资产（尽管这种情况正在改变）。房地产投资顾问通常会关注他们自己的国内市场，（如果被问到的话）可能还会关注一两个其他市场，因为他们在那里有自己的人脉和市场知识。其他领域的专家可能只考虑那些已经在他们那里注册并为他们做了一些工作的知名经理人，而对那些实际上可能非常令人兴奋的、刚刚崭露头角的经理人关上了大门。最后，除非在非常有限的程度上，没有顾问会推荐所谓的“被动投资”（本书后面将对被动投资进行解释和探讨），因为这种方法会使顾问变得多余。

因此，要清楚你将会得到什么。千万要记住，这些建议（如果你足够幸运能得到任何建议——大多数投资顾问都会避免给出具体建议）都带有顾问一定的主观框架（见下文）和假设。因此，建议你通过走出去与业内人士交谈作为补充。在某些极端情况下，你甚至会发现整个方法都被忽略了，这可能是因为相关数据还不够充分，或者是因为咨询公司的内部人士本能地不信任它。也要提防数据分析的输入值或者输出值都是被编造出来的情况（尽管顾问通常会说“假设”）的发生。

为了清晰地理解这里发生了什么，我们有必要研究一下经常会在投资策略过程中出现的两种特定的认知偏差：框架效应（framing bias）和确认偏差（confirmation bias）。

框架效应是一种只考虑某一特定主题的某些方面或者某些可能的原因和影响，从而限制对该主题的讨论的倾向。像所有的认知偏差一样，它是（下意识的，因此并非故意的）自私的。选择的框架效应基于个人现有的信念。这反而流入了“共同世界”，表现为群体思维的一部分，尤其是当团队关系密切和存续时间很久的时候，和/或一位强有力的团队领导坚持某种观点的时候。与其把框架效应想象成一个窗框，还不如把它想象成一匹戴着眼罩的马。实际上，这匹马永远都感知不到周围有很多风景，因为它只能直直地盯着前方，毕竟这就是给马戴上眼罩的全部意义所在。框架效应似乎假设我们就像一匹容易受到惊吓的马，当看到外面的世界而不是别人认为值得我们看到的东西时，我们很容易分心，甚至心烦意乱。

确认偏差可能是投资战略过程中可能遇到的最大祸根，因为它既是认知偏差中最具破坏性的偏差之一，也是最强大的偏差之一。简言之，确认偏差是一种寻找能够证实你现有观点的数据，而忽略或者轻视那些无法证实你现有观点这一事实的倾向。更危险的是，它还包括这样一种倾向，即不仅未能给出相互矛盾的证据，而且实际上还弄虚作假。

这种情况在计算不同资产类型的“风险调整”（risk-adjusted）回报率时最常见。如果计算结果前后矛盾（“那是荒谬的，人人都知道 x 的风险比 y 大”），那么他们应对这种情况的方式不是追问使用方法的性质、数据类型，或者方法的准备，而只是改变输入或者输出的数字来产生他们认为更适当的结果。

我们将在本书的后面更详细地讨论这个特殊问题，简而言之，它既是使用错误的风险定义，也是使用错误类型的回报数据的结果。夏普比率（Sharpe ratio）是我们实际使用的方法，但我们从未打算用它来比较不同的资产类型，而是用它来衡量同一资产类型组合中相同类型的不同资产（比如股票）的相对“风险”（实际上是波动性）。重要的是，理解这一点并勇敢地指出这一点，因为这是你在投资领域每天都会遇到的一种常见错误。

因此，这里给出了推动完成这种战术规划练习所要面临的各种潜在障碍，其中很多是心理上的障碍。然而，最重要的是应该这样做，以避免战略过程失去动力，陷入公司惯性的流沙中——这是一个始终存在的危险。始终要意识到组织内部总会有一些人认为战略是不必要的，甚至更糟糕的是将战略视为一种威胁。而且，如果他们未能成功地阻止这个过程的开始，并进展到这一步，那么战术和实施的细节就为那些寻求进一步澄清、要求顾问提供报告、核查监管要点，以及试图阻挠把事情向前推进的少数人提供了很好的机会。

最后一个问题是，很多投资机构似乎都会经常更换领导层，每位新任首席执行官或者首席投资官似乎都想令人耳目一新，他们都秉持着“从现在开始，我们将在这里以不同的方式做事”的态度。如果在这种交接发生时，投资战略过程正在进行，那么这个过程就肯定会被束之高阁。在这种情况下，我们只能期待你可以让这个过程从头再来一次，但是需要处理一系列全新的业已存在的观点。

或许所有这些足以解释当人们试图不受偏见、无知和政治内斗的影响而推动战略巨石上坡时太容易感到沮丧并放弃的原因了。这也有助于解释为什么很少有投资者会尝试这样做，更不用说成功完成了。能够意识到制定最佳战略的重要性，对新想法持开放态度，相对不受狭隘的监管的阻碍，并且沟通和决策过程简短迅速的组织并不多。在本书剩下的章节中，让我们假设你足够幸运，能够与这样一个组织共事。

因此，让我们现在继续前进，研究一下当我们的战略探索之旅起程时需要考虑哪些问题。

INTELLIGENT INVESTING 第4章

我们是什么类型的投资者？对流动性和波动性的不同看法

确定你是长期投资者还是短期投资者应该是战略过程的第一步，而理解两者的区别是战略过程最重要的一块基石，是所有后续过程的基础。但更适合的提法或许是，你在多大程度上是两者的混合体。同时，理解并理清围绕在流动性和波动性概念周围的心理混乱很重要。

是时候开始审视战略过程的不同阶段以及在每个阶段出现的问题了。正如我们已经看到的，确定你从何处出发至少与确定你想去哪里一样重要，接下来的几章将聚焦于如何确定你是哪种类型的投资者。

这个过程的核心是第一步，也许是最重要的一步，但是很多投资者从未考虑过。这往往是因为监管方面的担忧掩盖了这个问题，也可能是因为那些为投资者提供建议的人没有意识到解决这个问题的必要性。反过来，这种情况的出现又是因为精神层面的一些根本差异，而这些差异产生了如此强大的影响，以至于我们需要从一开始就识别和描述它们。

皮埃尔式投资者和玛丽亚式投资者

第一种差异可能源于一些根本性的东西，就像那些进入投资行业的人的基本人格类型一样，也许列夫·托尔斯泰的小说《战争与和平》（*War and Peace*）中的两个人物皮埃尔·别祖霍夫（Pierre Bezhukov）和玛丽亚·保尔康斯基（Maria Bolkonskaya）可以完美地诠释这一点。

皮埃尔是一个宿命论者，或者这部长篇小说中的大多数情节都是这样描述他的。他相信，事件发生在我们身上和周围，我们是它们的囚徒，无力影响它们，因此尝试也是没有意义的。与此同时，人们对人类意志的力量也缺乏信心。比如，皮埃尔娶了一个女人，却发觉自己并不真正知道为什么娶她；尽管他认识到自己目光短浅、软弱、做事没有章法，完全不适合去当兵参战，但他却去了。当他主动去尝试那些自己有意为之的事情时，几乎就像他自己事先知道的那样，这些事会让他不堪重负，最终注定要失败。不出所料，他自愿接受的刺杀拿破仑的任务也失败了。

另一方面，玛丽亚不相信袖手旁观就可以坐等事情发生。她更喜欢按照自己的意愿来做事，并在可能的情况下果断地介入。比如，拒绝一位她所有亲戚都希望她嫁给的追求者。在故事中的这个阶段，她生活十分穷困（后来她变得很富有），这是一个勇敢的决定，因为她为了不让自己的抱负受挫而不得不忍受生活的艰辛。《战争与和平》有理由被公认为第一部存在主义小说，因为书中的人物在面对明显具有压倒性的大事件时都试图理清自己的自我意识。

大多数投资者的行为要么像皮埃尔，要么像玛丽亚。皮埃尔式投资者认为，他们唯一的责任就是把看起来合理的资产组合放在一起（“合理”的意思是“其他人都在做的事情”），然后袖手旁观等待结果。对他们而言，投资是在真空里进行的，个人投资者的愿望无关紧要。另一方面，玛丽亚式投资者认为，最重要的是投资者能否实现他们的个人目标，而这个结果可能会受到他们自己行为的直接影响。因此，对于皮埃尔式投资者而言，他们可能从未考虑过分析投资者的目标，而对于玛丽亚式投资者而言，在某种意义上，分析投资者的目标才是最重要的。

如果一只养老基金有 60% 的资金，或者如果该养老基金有 100% 的资金，那么皮埃尔式投资者在这两种情况下所倡导的投资方式会完全相同；而玛丽亚式投资者至少会询问是否有可能通过投资业绩来弥补资金缺口。皮埃尔式投资者会确定一些武断的标准，比如“通货膨胀率 +1%”作为投资者的业绩基准；而玛丽亚式投资者会尝试计算出投资者要想实现目标所需要的精确回报率。

这种思维定式的差异造成了程序上的一个关键差异。对于皮埃尔式投资者而言，资产配置本质上是战略过程的一个输入；而对于玛丽亚式投资者而言，资产配置是一种输出。皮埃尔式投资者几乎会随机地选择一些资产类型和配置水平。只要他们是通过参考一些事情来选择的，那么这些事情很可能是类似的投资者正在做的事情。玛丽亚式投资者会尝试分析未来现金需求的数量和时间，并尝试选择在需求出现时提供这些资产配置。

皮埃尔式投资者没有认识到投资战略的必要性，而且即使他们认识到了，也不会发现其唯一的逻辑起点：确定投资者的目标。玛丽亚式投资者本能地理解了这两点。

人们希望，对于皮埃尔式投资者而言，“我是什么类型的投资者”这个问题无关紧要，只是因为对于这样的投资者而言，所有的战略问题都是无关紧要的。战略是在可供选择的行动方案中做出选择，并且寻求改变，或者至少影响事件，而皮埃尔式投资者是不会考虑这些的。下次你参加董事会或者投资委员会会议时，看一看周围发生的事情，并且诚实地评估一下你所在组织代表的是皮埃尔还是玛丽亚吧。绝大多数人属于前者。

因此，这些因素能够阻碍投资者进入战略过程的第一阶段，也就是回答这个问题：“我是长期投资者还是短期投资者？”正如我们将要看到的，对这个问题的回答非常重要，因为长期投资者和短期投资者应该会以完全不同的方式看待很多事情。对长期投资者有利的东西可能对短期投资者不利，反之亦然。

长期投资者和短期投资者

你是长期投资者还是短期投资者？这是一个需要回答的关键问题，因为每种情况适用的原则完全不同。这就使以下情况更加引人注目，即大多数投资者非但没有解决这个问题，甚至完全没有认识到这个问题。然而，同样地，当他们真正“明白”的时候，那是一种真正自由的体验。这就好像他们逃出了黑暗的牢房，第一次看到了外面的风景。比起透过窗户的栅栏偶尔才能瞥见的诱人风景相比，真实广阔的风景是多么美妙。

长期投资和短期投资之间的区别是根本性的，如果你不理解这一点，那么你就永远不可能真正理解投资的任何重要方面，无论你多么擅长计算债券收益率或者标准差。理解这个区别是战略过程的第一块基石，也是最重要的一块，因为它是所有后续过程的基础。

在进一步讨论之前，让我们先明确一件事。大多数投资者会同时进行长期投资和短期投资。换句话说，他们可能需要考虑两个独立的投资组合，而不是单一的一个。然而，每个投资组合所承担的规模相对于另一个会有很大的差异。因此，我们的首要任务就是了解它们之间的差异，并评估它们在我们的总资产中所占的比例。

当我们谈到玛丽亚式投资者看待世界的方式时，我们已经给出了一个关于如何完成这些任务的重要线索。他们会首先试着分析任何投资者的关键目标，我们也应该这样做。我们可以参考他们在未来可能出现的已知和预期的负债来做这件事。我们应该运用两个独立却彼此相关的测试：

这些负债或者其中一部分可能发生在未来的什么时候？

这些负债或者其中一部分的发生时间或者其金额在多大程度上是可预测的？

“或者其中一部分”这样的表述是非常重要的。对一些投资者而言，比如家族办公室、养老基金、人寿保险公司、捐赠基金和基金会等，它们的负债会一直延伸至未来，分别分析那些预计将在未来几年发生的负债（相对而言，这些负债大体上是可以预测的）以及那些将在更远的未来发生的负债（不确定性必然增加）是有意义的。

一些投资者，比如主权财富基金，可能根本没有任何明显的具体负债。在这种情况下，应该请它们选择一个它们希望对结果有相对把握的时期。同样，应该要求像养老基金这样的组织就它们计划在未来多少年内偿付债务达成统一的意见。超过这个期限后，它们将乐于采取一种更普遍的做法。因此，令那些认为金融仅仅是数学的一个子集的人沮丧的是，在这个过程一开始时，主观性就施加了它的影响。两组人不可能对同一组环境达成完全相同的观点，而且本来就是如此，因为它不仅代表了理性，而且还代表了情感、感知和人格类型的正常运作。

顺便说一下，为避免疑义，确定的时期是一个滚动期，每次当前的季度到期时，都会在其后面加上一个新季度，因此所选定的时期不必很长。一般来说，两年到五年就应该足够了。

另一方面，有一些类型的投资者，比如银行和非人寿保险公司，它们的负债可能在很短的时间内大量产生。导致2007年银行业危机爆发的众多错误之一就是错误地认为银行挤兑在某种程度上已经不可能发生了。银行挤兑并非不可能发生，比如北岩银行（Northern Rock）等就是在它们传统上依赖的批发融资突然枯竭的情况下付出了惨重的代价。在这种情况下，几乎可以确定的是，假设所有的负债都是短期且不可预测的是合理的。

流动性

为什么我们要特别提出上述两个问题呢？因为它们决定了投资者对流动性的需要，进而决定了哪些资产类型有资格被纳入他们的投资组合。然而，在我们转向探讨流动性之前，需要问自己一些重要的问题。令人惊讶的是，在实践中，投资者实际上从未真正解决过这些问题。他们中的很多人似乎非常确定自己需要并且想要流动性，但又认为这是一种他们觉得无法超越的宗教信条。这些问题从来没有人问过，但它们是至关重要的。什么是流动性？为什么我们需要它？我们应该如何实现它？它是好是坏？

在本文中，流动性仅是指立即产生现金的能力。如果资产能立即兑换成现金，那么无论环境如何，它都是流动资产。如果不能，那么至少在某种程度上，它就是非流动资产。这是流动性的唯一作用，也是在投资组合中持有流动资产的唯一理由。它是一种将资产没有任何问题或者延迟地转换成现金的能力。它是达到目的的一种手段，而不是目的本身。“因为我们需要流动性，所以持有流动资产”永远不可能是正确的，持有它只是“因为我们可能需要立即获得现金”。

因此，当单独考虑流动性时，它永远不可能是好的，也不可能是坏的，只有在个人投资者处于特定环境的背景下考虑才有好坏之分。比如，就银行而言，它绝对需要流动性，而且如今的监管规定要求银行持有一定比例的流动资产（比如政府债券）。然而，就连银行的资产负债表上也有很多非流动资产，其中最明显的就是已经发放给客户，而客户却在数年内都无法偿还的贷款。假以时日，银行可能会把这些贷款打包出售，但是“假以时日”是一个重要的条件。要想真正拥有流动性，资产必须是存在公开市场的资产，能够进行即时交易和即时现金结算。

然而，这种定义并不符合实际情况，因为2008年9月雷曼兄弟破产之后，公司债券市场只用了几周时间就萎缩并消失了。例如，一些美国的养老基金尝试在这段时期出售信用等级高的公司债券，以接受来自私募股权投资基金的资金要求，可它们无法做到这一点，这种现象后来被称为“现金困境”（Cash-22）。在这种情况下，投资者有丰富的资产价值，却没有能力把它们快速、轻松地变成现金。

因此，如果2008年的事件教会了我们什么的话，那就是在不正常的市场条件下（也可以说正是在不正常的市场条件下，这个市场才真正需要流动性），唯一能够保正真正流动性的资产是信用等级高的政府债券，传统上这类债券被认为是由美国、英国、日本和德国等国政府发行的债券。这些资产未来能在多大程度上保持这种地位仍有待观察。

当然，有另外两种资产类型可以迅速且轻松地转换成现金，它们是实物黄金（曾被描述为一种没有国家的货币）和流通货币（它已经是货币了）。有趣的是，这两者都被机构投资者忽略了，也许是由于波动性的原因，我们将在本章后面单独讨论。

当然，上市股票也具有流动性，至少在技术和法律层面上是这样。然而，在高度紧张的市场环境下，出售大量股票投资组合并非易事，尤其是在急需现金的情况下。在这里，波动性再度抬头。

因此，对于短期投资者而言，他们可能会对现金有突然和/或无法预测的需求。对流动性的考虑必须主导并决定投资组合的构成。当然，正如上文所述，投资者正以不同的方式处理的不同时期负债的“短期”投资组合也是如此。

令人遗憾而简单的事实是，只有信用等级高的政府债券才能完全满足这一要求。是的，投资者可以决定是否在投资组合中加入公司债券或者次级政府债券，但是如果这样做了，应该是明确知晓并且接受了这样做的后果。在不正常的市场条件下，有保障的流动性将被破坏，而且考虑到如果缺乏这样的流动性可能会产生非常严重的后果，很难提倡这样的做法。在设计短期投资组合时应该只考虑流动性，而在市场动荡时，流动性最有可能成为一个问题。

这是一个令人遗憾的事实，因为在撰写本书时，信用等级高的政府债券的实际收益率为负。因此，在考虑了通货膨胀的影响后，任何持有这类债券的人肯定都会亏钱。尽管目前出现这种情况有一些特殊原因，尤其是各国政府通过一系列监管（比如《巴塞尔协议Ⅲ》和《欧盟偿付能力Ⅱ》）和量化宽松计划，实际上为本国债券创造了一个虚假市场，但这并不是一个新现象。持有债券必然能够抵御通货膨胀的神话只是一个神话而已。例如，如果你在20世纪70年代初购买了英国政府债券，你必须等待10多年，直到20世纪80年代中期，你的资本才能恢复到实际的初始价值，而且这也只有在你不是纳税人的假设下才成立。如果你不是一个免税投资者，那么政府债券永远无法提供抵御通货膨胀的保护。

这个简单的事实象征着一个更深刻、更普遍的事实，一个似乎让大多数投资者都难以接受的事实。流动性是一件昂贵的商品，要得到它总要付出代价。

尽管无法从数学上证明这一点，尤其是因为在评估“流动性”究竟是什么，以及各种资产在多大程度上拥有流动性时会涉及大量的主观因素，但是似乎有理由认为这两者之间可能存在或多或少的直接关联。资产的流动性越强，在投资组合中持有它的成本可能就越高，而流动性越差，持有它的成本就越低。或许两种可能处于两个极端的资产类型，人们或许可以将美国国债（或者美国短期国债）作为“流动性非常强”的资产的例子，而将私募股权基金的权益作为“流动性非常差”的资产的例子。

这种观点既需要解释，也需要辩护。无疑投资者持有美国国债的成本是某些名义上的交易费用，而投资私募股权基金的成本即使忽略了一开始的法律和尽职调查费用，每年的管理费也有可能高达承诺资本的2%。那么，人们的回答往往是“是的，但是……”

是的，但这只考虑了投资者的直接费用，也就是我们所说的他们“失踪的”费用，并没有提供对情况的全面看法。所以我们还必须考虑投资者的机会成本。

投资一个事物的“成本”就是不投资其他事物的成本。我们假设我们必须在A和B这两项资产中做出选择。如果我们选择资产A，但资产B跑赢资产A达10个百分点，那么通过选择资产A，我们实际上损失了10个百分点。在这种情况下，我们可以通过选择一个选择来享受的好处就是选择另一个选择的成本。尽管伟大的奥地利经济学家弗里德里希·冯·维塞尔（Frkedrich von Wieser）在一个多世纪之前就提出了这一观点，但在实践中，人们似乎仍然不太理解它。

为什么这很重要？因为所谓的“非流动性溢价”。正如我们在上面提到的，大多数投资者本能地被流动性吸引。那么，他们为什么要投资非流动资产呢？这个问题只有一个可能的答案：因为他们期望从非流动资产中获得的长期回报，高于从流动资产中获得的长期回报。如果你思考一下这个问题，任何其他的解释都是不合逻辑的。投资者将这种更高的预期回报视为对他们放弃部分流动性的补偿。如果他们没有期望更高的回报，那么最初选择非流动资产就是不理性的。

多年来一直负责运营耶鲁大学捐赠基金（Yale Endowment）的大卫·斯文森（David Swensen）等富有经验的投资者早就发现，这意味着流动性是一种相对昂贵的投资品。投资流动性是有代价的，它往往以低回报的形式出现。选择非流动资产可能会获得更高的长期回报，减去在流动资产上实际获得的回报就得到了流动性成本。事实上，有点令人困惑的是，人们现在开始讨论流动性溢价，特指的是投资者准备为流动性支付的更高价格。当然，这实际上与非流动性溢价是一回事，因为非流动性带来的更高回报与流动性成本是一回事，但这些术语可能令人费解，因为人们本能地认为，它们似乎应该是对方的对立面，而不是同义的。

因此，由于流动性是昂贵的，它应该被视为一种奢侈品，应该尽可能地谨慎购买和使用。然而，对大多数投资者而言，他们似乎把流动性视为一种必需品，无论价格高低都必须大量购买。这种对流动性的错误观点是推进投资战略过程时需要克服的最大障碍之一，尤其是因为很多投资者已经受到了养老金监管机构和投资顾问多年，甚至数十年的系统灌输。然而，除非这个障碍能被克服，否则就不可能有进一步的进展。

因此，投资组合中的流动性应该尽可能地少。需要明确的是，可能在某些情况下，"尽可能少"是百分百地少，但这种情况非常罕见。几乎不可能设想出一位没有任何赚取回报需求的投资者。或许，如果你是一家资金充足的养老基金（或者至少精算师就是这样告诉你的），而且最年轻的成员大约95岁，那么你就可能符合条件，但这真的必须是如此极端的情况。

每个投资者都可以决定所需的流动性规模。对于短期投资者而言，这可能在资产总值中占很大的比例。正如上文所述，对于长期投资者而言，这是一个有用的准则。你只需简单地决定你希望用多少年来偿还债务，并且把这笔钱放在一个流动资金罐中，并不断充实即可。然后你就可以放心了，因为你的长期投资组合的剩余部分根本不需要任何流动性。

当然，如果你打算按照这种论点得出符合逻辑的结论，那么你的投资组合将根本不需要任何流动性，但出于以下两个不同的原因，情况不大可能如此。

第一，实际上很难找到完全缺乏流动性的资产。即使是基础设施和私募股权基金的权益（只有少数例外）以及房地产资产也可以在 3 ~ 6 个月内被处置掉，前提是你决心这样做，而且不在意是否能够获得可能的最高价格。具有讽刺意味的是，至少在 2007 年上半年，很多投资者都将这些资产视为具有流动性的，而流动性最差的可能是对冲基金的权益。一些对冲基金的“锁定期”可能长达两年。无论情况如何，长期投资组合中必须始终有一些流动性成分，即使不是每天都有。然而，实际情况很可能如此。除非你是一位大型投资者，否则你很可能通过房地产投资信托基金（REITs）寻求房地产的敞口，以及通过交易所交易基金（ETFs）寻求其他类型资产的敞口，而这些基金与其他任何上市股票一样具有日常流动性。

第二，要记住，随着当前季度的负债被清偿，每个季度，你都需要通过叠加下一个季度（最远到未来）的负债来充实你的流动资金罐。这意味着，在任何时候，你的长期投资组合中都必须至少有三个月的流动资金和至少一个季度的负债。正如在前面所指出的，只要你有一个适当多样化的资产组合，就不大可能造成任何困难。

波动性

对金融风险本质的详细讨论已经超出了本书的范围。只要说波动性和风险不是一回事就够了，但由于一些至今仍不清楚的原因，投资界中的大多数人都选择把它们当成一回事。唯一说得通的一个原因是，从 20 世纪 50 年代开始主导金融界的数学家们急需某种他们能计算的东西，而过去的周期性回报的方差似乎是最佳选择。

然而，只有在你认为用一个你能回答的问题来替代一个你无法回答的问题是可接受的情况下，这才“说得通”。此外，这个你无法回答的问题将必然会产生一个错误的数字，但它会被热情地确定为唯一正确的答案。所谓的“现代资产组合理论”（modern portfolio theory，MPT）就建立在这个相当蹩脚的骗局之上。

仅就这个话题完全可以写一本书，但现在我们只是想指出这一点，然后继续前行。因为这是大多数投资者（而且更重要的是他们的顾问）选择的思考方式，那么我们必须理解这个概念，尽管我们无法接受它。

除了痴迷于通常不必要的流动性水平之外，还认为风险等同于波动性是战略过程的第二大障碍，因为这意味着占多数的无知人士就像带着眼罩的赛马一样。正如我们在第 3 章中提到的，他们只能以一种非常狭隘和受约束的眼光看风景，而无法看到和欣赏全部的风景。

这种错误的想法有各种严重的后果。我们尤其要意识到其中三个主要后果。第一，那些相信波动性即风险的人总是试图运用简单的均值方差分析来计算“风险调整”回报率，并选择标准差（方差的平方根）作为衡量标准。然而，进行这样的分析需要运用周期性回报。实际上，有一种强有利的论据（不用说，金融界完全忽略了这一点）认为，周期性回报可能不是衡量投资者持有一项投资的成本或者收益的有效标准，尤其是当长期持有时。但是不要管它，最重要的是，就各种资产类型而言，周期性回报永远都不可能是一个有效的衡量标准。这尤其适用于那些表现出长期单向或者双向现金流的资产类型，特别是私募股权基金、基础设施基金、油气特许权使用费以及各种类型的房地产投资。对于这类投资而言，需要运用随时间度量的复合回报指标，比如内部收益率。

所有这些都有一个特别令人困惑的因素，因为金融理论公开承认，确实应该以这种方式对待那种最公开地表现出这些特征的资产类型，即债券，而不是使用年回报。债券的到期收益率与其预期内部收益率是相同的，假设债券是今天购买的，并且将其购买价格视为初始的负现金流。出于同样的原因，可以采用一种完全不同的风险衡量方法，即债券的发行者在到期日或者到期日之前某一阶段的违约风险（顺便说一句，这是一种非常切合实际的衡量方法）。

然而，如果有人尝试在债券之外这样做，那么这扇理智的小窗就会砰地一声关上。尽管很多投资者可能愿意把债券纳入他们的投资组合中，但是他们会直接拒绝考虑任何其他的资产类型。而对于这些资产类型而言，周期性回报并不是一个好的衡量指标（或者甚至可能无法获得），他们将这些资产类型称为“另类投资”，而且当无法计算这些资产类型的“风险调整”回报率，并且有人准备在上流社会讨论这些资产类型时，他们会感到震惊。

因此，如果投资者从一开始就选择了错误的框架来划分风险，那他们会拒绝自己无法放入这个框架的任何类型的投资。因此，波动性即风险的第一个后果是，它人为地限制了投资者可以选择的可能的资产范围。当然，如果恰好这些资产是非流动性的，那么其前景将会十分堪忧。

波动性即风险的第二个后果是，波动性，或者更准确地说，具有约束或限制的波动性很容易被视为一种目的。具有讽刺意味的是，很多被媒体和公众普遍视为“高风险”投资的对冲基金实际上正是在这个基础上进行营销的。它们承诺要限制风险，而不是增加风险。当然，前提是你相信风险和波动性是一回事，并且你对风险如此恐惧，以至于你准备向投资经理支付高额费用，通过降低自己的回报率来消除一些恐惧。

因此，在研讨会上经常能够听到投资者和顾问谈到构建这样一种投资组合（通常仅由债券和权益组成），它将在一定的标准差范围内实现一定水平的回报。然而，这往往可能与投资者为获得最优结果而应做的恰恰相反。因为他们被教导要将波动性视为“风险”，并将风险视为不受欢迎的。投资者有一种本能的观点，认为这种“风险”必然是一件坏事，必须不惜一切代价避免它。然而，由于波动性实际上根本就不是“风险”，事实上，正如我们将看到的，波动性实际上是一件应被争取的好事，而不是要避免的坏事。

波动性即风险的第三个后果可能是所有后果中最有害的。金融理论告诉我们，或者至少假设，通过计算资产或者资产类型的历史周期性回报的标准差，就可以评估它所有的重大风险。毕竟，如果情况并非如此的话，那么为什么一开始就要这样做呢？为什么把计算结果当作“唯一正确的答案”？为什么要把它作为投资决策的唯一辅助工具呢？如果在均值－方差过程之外存在风险，存在其他的风险，甚至是所有其他类型的风险，那么波动性即风险的教条将会令它在智力层面失去坚不可破的地位，而且正如美国作家多萝茜·帕克（Dorothy Parker）所说，你无法让守旧的人接受新事物。

因此，那些认为波动性即风险是唯一答案的投资者，很可能会把自己置于非常危险的境地。他们会放心地袖手旁观，因为他们知道自己已经将投资组合的风险算到了小数点后一位。他们甚至可能已经运用在险价值方法（VaR）来计算他们在任何一天可能“损失”的金钱的最大金额（包括未实现的损失）。然而，在险价值方法仅使用了均值－方差分析。

这样的投资者很可能在不久之后就会受到一些灾难性事件的打击，甚至可能受到一些长期的系统性变化的打击，这些变化彻底粉碎了令人乐观的假设：过去是未来的完美镜像，或者正态分布（均值－方差分析所依赖的正态分布）始终适用于投资结果。他们会满身创伤地盯着自己的统计风险分析，无法理解发生了什么。

道理是简单的，但是那些相信波动性即风险的人们永远无法理解它。波动性是投资者仪表上的一个刻度盘。它可能是一个非常重要的刻度盘，但它只是众多刻度盘中的一个，而且它与风险绝对不是一回事。

投资者应如何看待波动性

对于短期投资者而言，波动性绝对是坏事。请记住，短期投资组合并不真正包含那些为了提高资本价值而选择的资产“投资”，而是包含那些被设计成旨在快速、轻松、可靠地转换成现金的工具。因此，除了要确定你的那张纸确实能够在你选择的任何时间被转换成现金之外，你还需要确定它将产生的金额。如果你花 100 英镑[①] 购买了一个金融工具，当你需要将它换成现金时，却发现它的市场价格已经跌至 90 英镑，那就毫无意义了。我们可以非常简洁地总结出短期投资者或者短期投资组合的立场，它完全符合传统观点：流动性好，波动性坏。

事实上，即便如此，短期投资者往往也会在没有意识到的情况下受到大幅波动的影响。正如我们已经看到的，人们明智地将债券的风险视为可能出现的违约风险，因此，被假设根本没有违约风险的信用等级高的政府债券被当成“无风险”资产持有（这是一个危险的假设），它会产生无风险回报。然而，投资者随意地将这两种完全不同类型的风险进行混合和搭配，似乎丝毫没有意识到他们是在比较苹果和桔子。

从违约风险的角度看，信用等级高的政府债券可能是无风险的（尽管几乎可以肯定它们并非如此），但是从“波动性即风险”的角度看，它们肯定不是无风险的。因为固定利率债券的收益率会随着金融市场状况和政府政策的变化而上下波动，而它只会受到债券市场价格反向波动的影响。事实上，孤立地看，债券价格的波动性非常大，这是波动即风险这一神话的另一个未被人们意识到的后果。

因此，就短期投资组合而言，我们乐于认同将波动性视为一种不受欢迎的东西的传统观点。但是长期投资组合又如何呢？在这里，波动性变成一种值得期待的东西，投资者应该追逐而不应该回避。

乍一看，这似乎建立在一个悖论之上。投资者寻求获得收益，实现并最大化他们的投资回报。然而，市场有跌也有涨。因此，在寻求收益时，他们也必须接受发生亏损的可能性。如果是这样，为什么投资者希望他们的投资组合表现出更大的波动性，而不是更小呢？

---

① 1 英镑≈ 8.8786 人民币。——译者注

答案在于波动性（或者用它花哨的统计学名称——方差）抓住了什么。波动性实际上衡量的是资产或者市场在平均水平或者均值的上下波动程度。具有高波动性的事物很可能会上下波动很长的距离，而具有低波动性的事物只会离开均值很短的距离，无论它是向上还是向下。

现在，让我们把注意力转向股票市场。正如我们所知，股市在任何一天都会上涨或者下跌。它可能连续下跌数天，甚至连续下跌数年，但是它不会永远下跌，迟早它会回升。事实上，从 1996 年前后的情况来看，像道琼斯这样的指数的走势就像三座高低起伏的山，有些人认为它有三个明显的周期。

无论如何，"迟早" 这个词是很重要的。长期投资者可以等待 "迟早" 的到来，并在市场回升中获利。要知道，长期投资者与短期投资者的另一个重要区别是，长期投资者从来不需要被迫出售任何资产，而短期投资者在某个阶段几乎肯定会这样做。如果你能等得起，如果你期待尽可能长时间地向上爬，你肯定更愿意从二楼而不是从六楼开始。在这种情况下，你应该拥抱波动性，而不是害怕它。

这里有两个重要的限制性条件。第一，我们讨论的是股票市场，不是单个公司的股票。个股下跌实际上可能有非常好的原因，而且它确实可能一直跌至零，但这种情况永远不可能发生在整个市场，因为随着一只股票退出指数，会有下一只股票接替它。

第二，这里并不假设你有超人的洞察力，能够准确地发现买入股票、重回市场的正确时机。相反，这里假设你已经选择了若干不同的资产类型，并且将定期在它们之间进行再平衡。你并不需要成为一个数学天才就能够看出，如果各种资产的价格在一个时期的期末与期初是相同的，但是在价格涨跌的同时，你已经在它们之间进行了再平衡，那么你也会赚到钱的。不难理解，它们在这个时期的涨跌幅度越大，你获得的总体收益就越高。因此，对于那些当务之急是获得收益而不是能够立即将资产转换成现金的长期投资者而言，波动性实际上是非常值得拥有的。你需要做的就是保持镇定，不要仅仅因为价格下跌就惊慌失措地抛售。遗憾的是，很多投资者似乎都是这样做的。

因此，关于你是长期投资者还是短期投资者这个问题，更适合的提法是，你在多大程度上是两者的混合体。这个问题非常重要，需要在战略过程的早期阶段加以解决。与此同时，推动者需要尝试清理围绕在流动性和波动性概念周围的心理混乱。每次有人声称需要流动性或者避免波动性时，你都要耐心地反复问“为什么”，这样做只能是有益的。另一种十分有效的方法是，每当有人提到“风险”时，你就说：“我认为你想说的是波动性。”

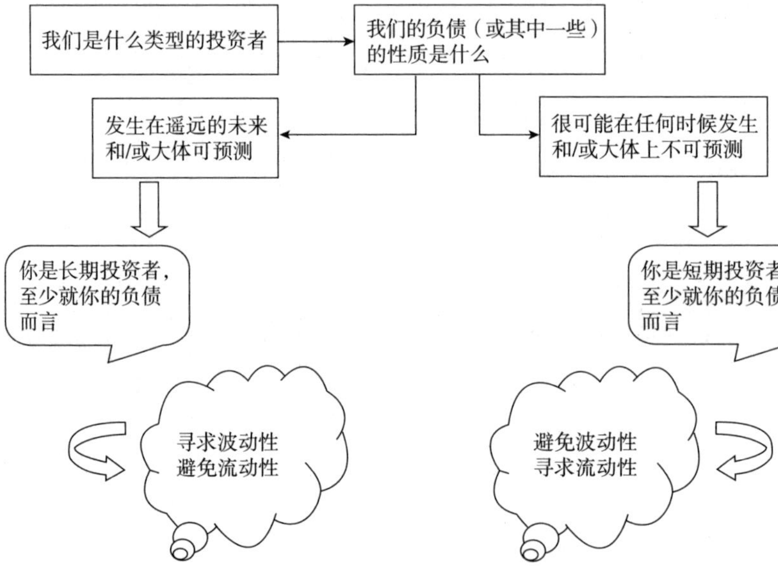

图 4-1　长期投资者和短期投资者：我们有的是什么类型的负债

INTELLIGENT INVESTING 第 5 章

投资者的SWOT分析法

在战略过程中，SWOT 指的是四类可识别的问题，即优势（Strengths）、劣势（Weaknesses）、机遇（Opportunities）和挑战（Threats）。组织在考虑优势和劣势时应该考虑决策、监管约束、专业知识、社会责任投资、宗教和伦理等因素。在机遇和挑战时，应该考虑通货膨胀、人口寿命、发起人风险、对手方风险、政府行动、全球宏观经济状况和经济指标等因素。

几乎每位读者都知道 SWOT 分析法的概念。在战略过程中，SWOT 代表能识别的问题，它可以被分为四类：

- 优势；
- 劣势；
- 机遇；
- 挑战。

以上列出的第一类和第二类问题是内部问题，它们与组织的各个方面有关，发挥的作用分别是使该组织处于某种优势或者劣势地位。我们将在本章的余下部分专门讨论投资者在进行这种面向内部的分析时应该考虑哪些因素。

上述第三类和第四类问题是外部问题，它们与组织必须在其中发挥作用的环境有关，既包括宏观因素和行动，也包括第三方的实际情况和潜力。这可能是一个难以探索的领域，容易引起激烈争论。正如很多企业难以接受自己拥有真正的竞争对手一样，很多组织似乎认为，承认可能存在它们无法控制的不利情况是一种软弱的表现（尽管它们可能计划减轻其后果）。我们将在第 6 章讨论这种面向外部的分析。

优势和劣势

这可能也是一个很难探索的领域。我们愿意认为自己所有的品质都是积极的和令人满意的，因此，对于面试中经常遇到的问题“你认为自己的弱点是什么”，回答“我不认为我有任何弱点”绝对是错误的。

对此有两种可能的处理方法。第一种方法是，让所有人都像做梦似地凝视远方，并提出可能符合其中任何一个阵营的个性因素。然而，第二种方法，也是一种更具结构性的方法通常会带来更高的回报。一个好的推动者会将讨论推进到一些特定领域，看看每个领域会出现什么情况。通常情况下，在与推动者进行了一些苏格拉底式的对话之后，与会者应该很清楚地知道每个框架里应该放什么了，但是偶尔可能会出现不同的主观评估分歧。他们可以就事实达成一致，但是不能就事实对该组织是好是坏达成一致。这些都应该被作为问题列出来，一旦画出整张图的其他部分，就可以在适当的时候回到这些问题上。就像填字游戏一样，一旦你能看到一些问题的答案是如何融入整个方块格子的，就可以更容易地解决一些问题。

主题的选择因人而异。小型的财富管理团队很难像大型主权财富基金那样行事。然而，它们也会存在大致相同的问题。让我们来列出讨论的主要领域。

然而，在我们这样做之前有一两句提醒的话要说。第一，某种投资是优势还是劣势将在很大程度上取决于投资者试图实现的目标。他们是长期投资者还是短期投资者？他们打算在国内投资还是在全球投资？他们是试图锁定流动性、追逐回报，还是寻求资本的保值？第二，假设你知道这些问题的答案，但前提是，你已经完成了我们之前介绍过的部分过程，并且给出了一些诚实的并经过深思熟虑的答案。

没有这样做是整个过程中最常见的错误之一。很多投资者确实认识到了实施战略过程的必要性，他们会坐下来老老实实地开始，他们相信 SWAT 分析法是一个正确的起点。对于某些类型的战略而言，比如公司的主流战略，这通常是正确的做法，因为类似“我们是谁？”“我们需要做什么？”这样的问题已经被思考了很长时间，这些问题已成为群体意识中被普遍接受的一部分。

然而即便如此，这仍然潜伏着危险。有这样一个众所周知的故事。一位新任首席执行官来到派克（Parker）公司，他在第一次董事会会议上就问谁是公司最直接的竞争对手。一位董事回答道：“犀飞利（Sheaffer）公司。”首席执行官摇了摇头。另一位董事说：“威迪文（Waterman）公司。”首席执行官又一次摇了摇头。他告诉他们，答案是朗森（Ronson）公司，并希望他们不要再认为自己是书写工具的制造商，而要意识到，他们身处的市场是一个追求名牌、以男性为主的一次性礼品市场。因此，他们与昂贵的打火机的制造商的竞争，至少与他们与其他制笔公司的竞争一样激烈（不用说，这个故事发生在对烟草更友好的年代）。

然而，到目前为止，这些初级问题中最重要的问题是，从长期或者短期的意义上说，我们是什么类型的投资者？这就是为什么这一话题已经被单独探讨过了。正如我们所看到的，大多数投资者的答案是，他们既是长期投资者，也是短期投资者，分别有相应资产的组合。正是在这种背景下，内部因素才被考虑进去。对长期投资者而言是劣势的东西，对短期投资者而言可能不是，反之亦然。

让我们来看看组织需要考虑的一些最重要的因素。顺便说一句，几乎所有这些都能够被改变，尽管实现这种改变的难度可能会有很大的不同。

决策

大多数投资者都不愿意承认自己的内部流程可能是一个劣势，然而在很多情况（这是不可否认的情况）下，组织需要决定是改变这些流程，还是计划在现有流程下运作，以使优势最大化，或者更正确地说，使劣势最小化。

在很大程度上，这一因素将受到由谁来做出这些决策所驱动。一般来说，从组织的角度看，这些决策的制定离那些实际参与日常投资的人越远，这个过程就越慢（一贯如此），效率也就越低（通常如此）。在某种程度上这既是程序现象，又是专业技能的一部分。

当董事会或者委员会讨论和制定投资战略，并把战术和操作问题留给职能专家时，他们的工作效率最高。然而，这是一个在实践中很少实现的理想建议。在现实生活中更有可能发生的情况是，董事会或者委员会把时间用于挑选和监督管理者等一些细枝末节，而在这方面，他们往往既没有时间，也没有专业知识来做好。使情况变得更糟糕的是，这通常发生在很少或者根本没有进行战略讨论的情况下（因为所有可用的时间都被用于战术问题的讨论了），因此，这是以一种随机和无计划的方式进行的，是由微观事件驱动的，而不是在一个已明确商定和沟通的理性战略框架内进行的。

当考虑流程时，冷静是必要的，或许可以草拟一份组织结构图和一份投资决策过程的流程图。或许最常见的，也是最糟糕的，将是下文描述的情况。

有人送来一份有趣的基金建议，它在某人的文件栏里躺了一两个月后，最终会被拿出来与投资团队讨论，这时有人会说："但是我们对这个没有配置。"这份建议的作用通常也就到此为止了。

假设情况不是这样的，首席投资官可能会在下次董事会会议上谨慎地以有利的措辞提到该基金，并请求允许形成一份关于该组织究竟是否应该配置这类资产的讨论稿。这时，通常会有顾问在会议桌的另一端喃喃自语，他们指出，如果这是一个好主意，那么顾问自己的公司早就提出来了，而他们并没有提出来，因此这不是一个好主意。同样，此事通常也就这样不了了之了。

为了便于讨论，我们假设这件事是能够被解决的。下一次董事会会议的议程中可能已经排满了无法改变的重要事项（比如与几位已被任命的债券经理进行面谈），因此不得不推迟到下一次会议。到目前为止，很可能已经过去了六个月或者更长时间了。顺便说一句，在此期间，董事长可能会告诉首席投资官，顾问们已经私下与他谈过了，并表达了他们的担忧，并要求首席投资官悄悄放弃整个想法。

在下次董事会会议上，顾问们将用10分钟左右的时间来讨论这个问题，并反复强调这将是一次风险非常高的行动。当然，他们从未真正解释过自己所说的“风险”是什么意思。看到董事会成员充满疑惑地打量着彼此，董事长要么提议投票表决，这时提议会被拒绝；要么要求顾问自己的公司出具一份报告，来说明如果这样的决策早在10年之前就做出的话，那么“风险调整”回报率会是什么情况。

到下次董事会会议时，顾问将出具一份报告，该报告主要由来历不明的行业回报的表格构成，并且以明褒实贬的方式指责某种类型的资产。在这个过程中，他会随意地使用希腊字母，轻蔑地说出结论：不管怎样，那位特定的基金经理没有出现在他们的内部数据库中。

如果仍有董事会成员青睐配置某种资产，就欧洲公共部门投资者而言，可能出现更加复杂的情况。董事长会提醒他们，他们受到欧洲投标监管的约束，几乎无法自由地走出去并随心所欲地任命投资经理。相反，他们必须发起一项神秘的活动，包括在《欧盟官方公报》（*Official Journal of the European Union, OJEU*）上发布一项通告（可是它并不在任何投资界人士的阅读列表中），并等待若干天。在这段时间内，任何想要被考虑的基金经理都可以来应聘（自然要以正确的形式）。

到目前为止，18个月至2年的时间可能已经过去了。与你的顾问进行面谈和讨论，由你的律师和社会责任投资团队签字，并向董事会汇报，这是一个漫长的过程，即使一切都严格按照计划进行，也可能还需要六个月左右的时间。不用说，最初引发这一复杂决策过程的那位基金经理早已关闭了自己的基金，因此在任何情况下，这一决策都不再具有任何效力。

如果你认识到，这是或者部分是对你所在组织决策方式的一种公平（尽管有些恶意）的描述，那么你就面临着一个严重的问题，可能只会为自己的投资过程打上战略劣势的烙印。

另一个极端是一个全面的战略过程会被执行，结果是每个人都将清楚他们在哪些领域进行了配置及其理由，还将讨论如何进入每一个领域以及在每个领域应该受到哪些限制。在这些参数范围内进行的决策将委托给一个小组委员会，该委员会由实际负责这些投资的专业团队组成。这样的系统运行良好。我曾经经历的一种情况是，一笔投资从提议到完成只用了六周时间，甚至还包括了全面的尽职调查和法律投入。

当我们开始思考主动投资和被动投资时，我们将明白决策过程的性质，特别是董事会或者委员会准备在上面投入的时间，这应该是决定组织整体投资方式的一个重要因素。然而，这只能在组织完全诚实地面对自己的过程是什么以及它在实践中是如何运作的情况下才能奏效。

监管约束

在前面的章节中，我们看到了一个对投资者行动自由的监管约束的例子，即可怕的《欧盟官方公报》要求。公共部门投资者（比如养老基金等）可能已经惊讶地发现自己受到了约束，因为有些人表示，他们的主要目的是阻止欧洲大陆的官员将其部门所需卫生纸的供应合同交给他们的兄弟。

然而，还有很多其他监管要求，包括那些管理斯堪的纳维亚、荷兰和英国的养老基金的规定。欧盟对此仍不满意，建议将目前监管保险公司的《欧盟偿付能力Ⅱ》拓展至整个欧洲的养老基金。同样，《巴塞尔协议Ⅲ》（英国和瑞士正在提出更极端的版本）要求各国政府确定银行针对一级资本需要持有何种类型的资产（没错，你猜到了，正是政府债券）。换句话说，对于很多组织而言，投资选择已经几乎消失殆尽。资产配置不是受可能的投资回报驱动，而是受监管驱动。

所有这些都反映了我们决定生活其中的社会类型，或者更确切地说，是我们选出的那些人决定了我们应该被迫生活在其中。然而，本书并不是试图提出更明智的解决方法。本书旨在作为一本实践手册来面对现实，而不是我们想要的现实。然而，无论是国家政府，还是联邦政府，它们在传递政府的热情的同时，也都在忙着压制自由，而整个投资界似乎对此缺乏关注。这样说肯定是有道理的，因为在投资界，冷漠和宿命论似乎构成了普遍的情绪状态。这让人不由地想起爱尔兰作家埃德蒙·伯克（Edmond Burke）说过的话：罪恶得以滋生的唯一条件就是好人什么都不做。

然而，要面对现实，你就必须非常清楚地知道你被允许做什么以及如何做。如果你想出了一些非常好的战略方法，却无法合法地执行它，那它也就没有任何意义。另外，你也不应该只关注监管。在某些情况下，特别是对于那些公共机构投资者而言，它们的章程文件也会发挥一些作用。

专业知识

除了掌握专业知识的程度不同，投资者之间也许没有什么差别。你会经常听到某些投资者被描述为“成熟”。在某些情况下，这可能是一个具有法律意义的术语，但是在实践中，可以参考在组织内部能够获得的金融知识和经验的多少，尤其是在特殊资产领域（比如对冲基金、私募股权和基础设施等）的专业知识。

天平的一端可能是大型投资者，它们针对每种资产类型都拥有一个专家团队；另一端可能是养老基金，他们没有雇用一名投资专业人士。

显然，这将是确定资产配置决策的一个关键因素。“永远不要投资你不懂的东西”这句老话是人们说过的最正确的话之一。投资机构的工作人员的专业知识领域与他们选择投资的资产类型之间应该有尽可能紧密的联系，这是可取的。正如我们将在之后讨论主动投资和被动投资时所看到的，缺乏专业知识并不应该成为一块绊脚石，但是它在很多情况下的确会成为绊脚石，上文提到的三种资产类型就是很好的例子。

当然，专业知识是组织可以直接控制的一个领域。如果该组织决定配置亚洲房地产，就可以聘请一位亚洲房地产专家。但对于公共部门投资者而言，僵化和人为影响的薪酬水平可能成为一种障碍。同样，未能进行适当的成本收益分析，尤其是考虑到以其他方式进行分析的成本，也会导致失败。聘请内部专家的成本几乎总是低于聘请外部守门人或者 FOF 管理人的成本。

在实践中，人们发现缺乏专业知识经常被作为不考虑所有可用资产类型的借口。也许可以预见的是，经常与这种情况同时发生的是，董事会不愿意将投资决策授权给那些最有资格做决策的人。

社会责任投资以及对宗教和伦理因素的考虑

前文提到社会责任投资并没有乱开玩笑的意思。经历过过去一二十年事件的人都无法否认，在很多情况下，金融实践似乎已经变得与社会责任脱节了，也无法否认这是一种令人深感不安和不受欢迎的状态。社会责任很重要，世界各地的很多投资者现在都坚持在做出任何投资决策之前，都必须在内部或者外部签署社会责任投资协议。

因此，确保以任何方式与投资过程相关的所有人都了解关键的社会责任投资问题，更重要的是，对自己的特殊社会责任投资团队可能会如何解读和运用这些问题进行深入了解，似乎是唯一明智的做法。如果一项特定的行动方案很可能在最后的决策阶段被他们否决，那么一开始不要着手制订计划就可以节省大量的时间。

宗教问题也出现了，尤其是伊斯兰投资者所面临的情况。伊斯兰法律禁止收取利息，而且根据个人投资者的观点，酒精、赌博和猪肉制品也可能会引起问题。同样，社会责任投资可能在烟草制品和军火交易等方面也会存在问题。如今，大多数投资基金都有特殊条款，允许相关投资者不参与这类投资，但是这并没有完全解决头条风险等问题。

同样，没有人会否认，在当今的金融和投资实践中，道德问题比以往任何时候都更重要。“道德”的定义是复杂的，因为它是一个主观的、不确定的、不断变化的术语。例如，一些人现在提出，某些类型的收费安排或者金融结构本身可能就是“不道德的”，不管其表面之下的基金和交易的目的是什么。组织内部应该充分且自由地定期讨论这些问题，投资战略不应该在真空中制定。

如今，很多投资者不仅对自己的道德和社会责任感感到满意，而且还十分在意自己是否被视为有道德，这就产生了所谓的“头条风险”。一只与零售业相关的养老基金不愿意被作为一只并购基金的投资者，因为媒体指责该基金将一家零售企业拖入破产的境地，媒体既不会管这种指责是否合理，也不会顾及该养老基金在投资决策中并没有发挥任何作用，也没有扮演任何角色这一事实的。头条风险是由情感而不是逻辑动机驱动的。顺便说一句，这也涉及纯粹的财务考虑。可以理解的是，没有投资者想要被列入参与了失败的对冲基金或者带有欺骗性的投资计划的名单。这样的因素能够影响，也确实影响了投资决策。因此，再次重申，如果董事会对于某些领域很敏感，明智的做法是要求事先明确这些问题，而不是在已经就某个特定的机会运作了数月之后才明确。

机遇和挑战

机遇和挑战需要考虑组织外部的因素，这些因素是组织运作的更广泛环境中的一部分。这一定义尽管在市场营销和公司战略等领域已经足够了，但是当涉及投资业务时就会变得有些模糊，因为像法律和监管等问题会符合条件，而且我们已经在上文讨论过了。因此，最好加上附加条件“而且它们本身对组织的自由选择没有直接影响”。

当然，人们可能已经探讨了尚未成形的新监管规定的可能性，这是一种威胁，令人遗憾的是，这种可能性越来越需要为之制订计划。

思考它的另一种方式是，机遇和挑战是你用来为自己的旅程做计划的地图的特征，但是优势和劣势却决定了你使用的交通方式。为了进一步探讨这个类比，可以把机遇和挑战分别想象为知名桌游中的梯子和蛇。只要有可能，你就应该充分利用机会，并计划如何最好地应对挑战，如果挑战真的发生的话。

顺便说一句，我们之前见过的场景规划技术一定会涉及机遇和挑战的识别，然后确定机遇和挑战出现的可能性有多大，是否与其他机遇和挑战结合在一起，以及在任何情况下，它们可能产生的影响的程度。

用投资术语说，有些外部力量相当明显，而有些则不那么明显。

通货膨胀

通货膨胀显然对所有投资者而言都是一个明显的威胁。投资中最根本的是人们必须至少让自己的资本保值，即使他们实际并不期望让资本增值，但在撰写本书时这一点并不那么具有根本性，世界各地那些选择持有实际收益为负的政府债券的投资者都忽略了这一点。事实上，通货膨胀是一个非常明显的威胁，以至于很多投资者开始将其视为自己的“敞口”，并计划配置特定的投资组合来试图减轻其影响。我们稍后将探讨这种基于敞口的方法。

然而，我们应该为不同的通货膨胀水平建模，并将之作为场景规划演练的一部分。我在其他书中提到，通货膨胀就像储藏室里的老鼠，它在不停地啃食食物，所以迟早储藏室里的食物都会被吃光。约翰·梅纳德·凯恩斯（John Maynard Keynes）将通货膨胀视为一种秘密税收，稳定地将财富从个人转移至国家。无论情况如何，如果你什么都不做，那么你的资本价值一定会下降。在高通货膨胀时期，其影响可能会令人恐惧。在英国人的记忆中，零售价格从 1969 年起的 11 年中翻了一番。①

对于那些被允许背负债务的投资者而言，通货膨胀带来了额外的维度去制订

① 数据来源：英国国家统计局，零售价格通货膨胀数据。

计划。在高通货膨胀时期，成为借款人实际上是有利的，因为借款人最终会用贬值的钱来偿还贷款人。这就是政府如此喜欢通货膨胀的原因，只要通货膨胀不失控，就不会导致在选举中不受欢迎的风险。然而，这反过来又会引发其他各种类型的问题需要考虑：第一，个人借款通常无法像政府借款那样，在同样长的时间期限内获得；第二，利息支付给投资者的现金流建模带来了额外的压力。无论情况如何，也无论结果如何，都至少需要进行讨论。

寿命

既然寿命也可以作为一个基于敞口的体系的一部分来规划，那么就我们目前的目的而言，它可能与通货膨胀一起适用。对养老基金而言，预期寿命显然是一个特别的问题，因为其成员寿命超过预期的风险将转化为未列入预算的额外收益支付。同样，本书后面将单独讨论这一点。

发起人风险

在谈论养老基金时，值得一提的是发起人风险。必须指出的是，很多养老基金（尤其是英国的养老基金）完全未能应对这种风险，直到为时已晚，无法采取任何有效措施。在某种程度上，这是由于公司的董事也可以作为养老基金的受托人，这当中存在明显的利益冲突。除了英国政府之外，所有人都认为这是“显而易见”的，因为英国的公共政策不仅鼓励这样做，而且实际上是强制这样做。

职业养老基金依赖三种资金来源。最明显的就是它们在其投资活动中的所得，这些所得数额巨大，以至于就养老基金受托人而言，一些顾问将亏钱的风险称为“投资风险”。但是，有人主张这既是一种非常笨拙的方法，也是一种尤其无益的方法。“笨拙”的意思是，投资风险中有不同的因素，这些因素可以而且应该被分离出来，并作为战略过程的一部分单独考虑；“无益”的意思是，它似乎暗示了一种风险，在某种程度上，受托人有权选择是否接受它。当然，他们不会接受，或者至少如果他们的工作做得很好，他们不应该接受。

另外两种资金来源是：第一，成员的出资（从他们的薪资中扣除）；第二，来自雇主或者发起人。在后者中可能会出现发起人风险。

简而言之，发起人风险是发起人在某一阶段被证明无法出资的风险。这种风险实际上比看起来的更严重，因为发起人不仅必须以与该计划成员（其雇员）一样的方式定期出资，还可能不时被要求一次性支付，以补足该基金资产的资本价值。

因此，考虑发起人的财务健康状况必须成为职业养老基金战略规划过程中的一个关键部分。发起人对于已列入预算的出资能定期缴付的可能性有多大？需要追加付款的可能性有多大？发起人能兑现这样的请求的可能性有多大？在允许发起人这样做的国家中，情况可能比较复杂。如果提出这样的要求，发起人会威胁说要彻底取消最终薪金养老金计划。

无论因内在的利益冲突而造成多大的困难，受托人都必须站在公司债权人的角度行使权力。如果双方都有正确的思维方式，就可能会找到创造性的解决方案。例如，在某些情况下，发起人将其房地产资产转移至基金，然后再将其租回。在另一些情况下，人们了解到了一些让该计划对发起人的资产（或者其中的某些资产）进行担保的方法，以便在公司破产时提供部分保护。

对手方风险

直到 2007 年秋天，人们才开始关注对手方风险。某些银行和其他公司以及很多政府被人们认为根本不存在违约风险，能够有效运营。因此任何人都会乐意接受像德国政府债券这样的政府债券，作为一种无风险资产。同样，大多数投资者会认为，像德意志银行（Deutsche Bank）或者可口可乐这样的公司发行的公司债券虽然在技术上并非“无风险”，但也非常接近无风险。

对于那些正在发行或者持有衍生工具（比如掉期和期权等）的组织而言，这或许是一种幸运，因为它们不必担心交易对手方在履行义务时可能无法偿付。当然，它们错了，但直到2008年的事件发生，人们才清楚地认识到，它们错得有多离谱。例如，雷曼兄弟发行了很多衍生工具。

在监管的推动下，衍生品领域的这种风险已经在某种程度上得到了缓解，并将继续得到缓解。衍生品从场外交易（over the counter，OTC）工具向那些通过认可的交易所发行和命名的工具不断转移。场外交易是一个具有误导性的术语，因为它最初指的是一种特定的配对交易证券的方式。在其目前的用法中，它指的是那些由一个对手方直接向另一个对手方发行的票据，而不是那些需要交易所或者清算所干预的票据。在前一种情况下，有资格支付的一方承担其交易对手资不抵债的风险，而在后一种情况下，交易所本身将使用以担保方式从所有发行方获得的资金进行支付。当然，在不正常的市场环境下，这些资金以及任何的追加认购都存在无法完成任务的风险，但与我们称之为“裸对手方风险”的风险相比，这种风险显然是最小的。

然而，对手方风险仍然是场外交易工具的一个问题。为什么当其他选择看起来如此吸引人的时候，这些风险仍然存在呢？这是由于交易所要求期限和金额的标准化，因此，当投资者（比如养老基金）正在寻找一个“定制”解决方案来对冲特定的可感知风险时，它们可能会被迫接受场外交易工具。

一个更大的问题与债券有关。这里没有任何类型的担保，只有一种在债券到期日偿付（“赎回”）债券，并同时支付约定水平的款项（“息票”）的合同义务。同样，在2007年之前，人们并不认为这值得关注，但后来，鉴于很多国家的信用评级被下调，以及其他国家直接违约，这个问题变得非常明显。

投资者应该尽可能地分散这种风险，这似乎是一个合乎逻辑的建议。例如，通过持有由不同发行方（政府和企业）发行的那些广泛分布在不同地区和不同行业的债券。然而，反常的是，2007年之后的很多情况显示，发行方的风险比以往任何时候都更集中。尤其是由于政治压力、内心胆怯，甚至在某些情况下是强制（以监管或者政府直接控制的形式），很多投资者都大量地持有其政府的债务。

在很多情况下，反对将你的净资产更广泛地分散的理由是货币。如果你的负债是欧元，那么持有以美元、日元或者英镑计价的资产真的就是明智之举吗？你肯定会面临货币风险，你以前没有面临过这种风险吗？你以前也面临过这种风险，但你是在用一种风险去抵消另一种风险。因此，讨论的不应该是关于你是否想要承担更多的风险，而是关于你准备接受的风险类型和比例。遗憾的是，信用等级高的政府债券是“无风险”资产的错误看法仍然存在，这意味着这个问题很少被意识到，更不用说讨论了。

这是一个迫切需要解决的问题。可悲的是，在2007年之后的投资环境中，任何发行方，无论其看上去多么健全（又有多少是健全的呢）都有可能违约，违约的可能性应该成为场景规划的一部分。把你所有对手方的鸡蛋都放在一个篮子里肯定是非常草率的行为。

政府行动

人们会很自然地认为其他人和你想的一样。正如之前已经指出的，这实际上是一种公认的认知偏差。同样，人们似乎也存在着一种不理性的倾向，即认为政府是开明和仁慈的，而且总会以理性和合法的方式行事。这可能会让投资者对于自己需要考虑却没有考虑的威胁视而不见。

近年来，各国政府采取的行动包括：英国强行合并了一些银行，而如果公司自己尝试的话，将被裁定为非法；英国以优惠条件向银行提供国家援助，而根据欧盟法律，这在名义上是非法的；英国使银行股东的盗用行为合法化；荷兰坚定地阻止投资者持有黄金而不是持有政府债券；法国和德国武断地禁止卖空，而根据欧盟法律，这是非法的；爱尔兰支持盗用公共资金；阿根廷支持盗用私人储蓄账户的资金，并通过强迫国有化来盗用；巴西通过追溯性立法来使外国投资者的土地购买无效；英国征收通货膨胀税；世界上大多数国家通过监管和量化宽松政策创建一个虚假的证券市场。

从以上这些可以明显看出，这些政府并没有那么仁慈。相反，它对投资者的利益构成了巨大威胁，央行的政策同样如此。事实上，一些受人尊敬的投资经理公开谈及试图让他们的客户的资产尽可能远离政府行动和央行政策的影响。明智的投资者最好自己考虑一下这一点。

当然，你这样做的迫切性将部分取决于你对当期危机可能的结果的看法，正如你的场景建模所体现的那样，但是你可能会采取很多简单的步骤，而成本影响并不大。也许你可以直接进行一些投资，而不是通过可能受制于监管压力的管理人。你能将你的资产的实物托管权转移至美国或欧盟以外的独立国家吗？你甚至能将你的整个组织搬到这样的司法管辖区吗？这些都是你需要讨论的问题。

你也需要针对特定事件制订一些应急计划。例如，众所周知，英国政府为在欧元区发生重大动荡时进行全面的资本封锁准备了应急方案。如果你是一位英国投资者，并且尚未探讨这可能给你带来怎样的影响，以及你可能采取什么措施来防止这种情况发生，那么你就是没有做好自己的工作。

全球宏观形势

当然，这是一种公认的对冲基金战略的名称，但所有投资者都应该关心宏观层面发生事件的可能性及其可能对他们的计划产生的影响。不妨想想《圣经》第66卷启示录记载的前三位骑士：瘟疫、战争和饥荒，而第四位骑士（死亡）可能象征着自然灾害和恐怖袭击。

我们看到以亚洲禽流感的形式出现的瘟疫破坏了世界各地的旅游业。一种突然变异的流感病毒大范围流行，而目前没有任何防御手段，这可能会造成什么影响？战争可能表现为美国及其能说服的国家一起攻击伊朗；饥荒可能是由植物病害或者旱灾引发的；死亡可能是由海啸或者恐怖行动造成的。

这些都是可怕的可能性，但仍需讨论。可能你已得出结论，认为你对其中任何一个都无能为力，但是你至少需要进行讨论。

经济指标

这一部分被留到最后似乎有些奇怪。毕竟，很多投资者都会认真地阅读财经媒体的经济版面，并且与他们的同事就最新的美国失业率数据或者德国工业品的出厂价格进行讨论。这些当然很重要，任何博学的投资者确实应该有这些想法和交流，但是除了严重且始终威胁投资者目标的通货膨胀之外，当试图将经济模型纳入你的投资过程时应该小心谨慎。

有效市场假说告诉我们，任何资产（或者正如很多投资者开始说的那样，任何风险）的市场价格已经考虑到对当前的预期，这种预期既包括对具体资产的预期（比如，你持有股票的那家公司可能的未来收益），也包括对一般金融环境的预期（比如预测的通货膨胀和利率）。因此，金融或者经济预测只有在你不同意的情况下才对你真正有用处。如果市场已经考虑到六个月之后的通货膨胀率将达到3%，而你相信它会更高的话，那么你可以在债券或者利率上建立空头头寸，下注政府将提高利率以抑制通货膨胀压力。当然，你也可以用其他方式来应对这种情况，比如运用通货膨胀或者利率掉期，或者对货币建立多头头寸，因为货币会随着利率的意外上升而升值。然而，要做到以上任何一点都需要相当大的勇气，尤其是因为经济预测往往是基于一系列代表着共识的个人预测或者模型做出的。

第二个问题是，事实上，很多经济预测最终确实是错误的。尤其是政府机构似乎总是发布过于乐观的预测，结果只能是不得不在事后进行调整。然而，当这一切都完成时，一系列新的数据已经发布，而市场现在正依赖这些数据。因此，除非出现特别严重的回调修正，造成太大的冲击，否则市场通常不会理会这些消息而继续上涨。

第三个问题是，正如上面提到的，利用人们认为的错误预测未必是一项轻松的任务。相反，它可能需要十分复杂的技术，而这些技术远远超出了主流投资者的日常经验。它还需要相当迅速和果断的决策过程，但正如我们所看到的，这种过程很少会出现。因此，如果投资者确实想要参与这一特定的领域，有强烈的论据主张，可以通过一些专业的对冲基金经理来这样做，尤其是通过那些运用“价值”方法、以货币为目标的对冲基金经理。在运用“价值”方法时，他们做多还是做空取决于他们对一种货币的相对购买力的观点，或者在套息交易中，他们实际上是在押注各种利率将如何相对波动。即便如此，也并不能保证他们会把事情做对！

INTELLIGENT INVESTING 第6章

我们想要实现什么目标

对于长期投资者或者作为长期投资者持有的部分投资组合而言，可以通过参考长期复合回报和负债的期限这两个参数来总结其投资目标。长期复合回报应该是一个基于可能的负债计算（或者至少评估）出来的数字，负债的期限则是基于负债建模的期限。这会对选择如何实施投资过程有非常重要的影响。

我们已经研究了如何实施战略过程，如何确定自己是什么类型的投资者，以及应该考虑哪些内部问题和外部问题。我们可能会认为我们已经搞清楚了自己目前在地图上的位置。现在，我们需要就我们的目标可能是什么达成一致，因为除非我们能够确定目的地，否则我们只能漫无目的地四处走动，无论我们用多好的地图，也无论我们多么熟悉地图。

还记得拿破仑说过的话吗？战略是在时间和空间中推进的。因此，我们不仅需要就我们正在努力实现的目标达成一致，而且需要就周期的长短达成一致。我们可以通过讨论我们的目标收益率和投资期限来将这些转化为投资条款。在这两种情况下，我们都应该尽可能地根据我们真实（或者至少真实如当前的建模，这两者并非完全相同）的负债进行讨论。如果不能，就基于假设或者已选择的负债。

我们已经在前面提到过这个问题，现在是时候详细讨论一下了。作为起点，需要理解的最重要一点是，投资决策不应该在真空中进行。遗憾的是，我们之所以有必要强调“不应该”，是因为在实践中往往会出现这种情况。更糟糕的是，似乎没有人对此提出过质疑。“为什么”一词可以再次解救我们：我们为什么投资？

我们为什么投资

投资可能被认为与储蓄类似，它与外出消费相比，是金钱的另一种用途。事实上，对于很多非常小的储户（比如每个月存几英镑的领养老金的人）而言，储蓄账户也许是他们唯一可用的投资方式。不管怎样，我们谈论的是延迟消费，是选择为未来而不是现在存一些钱。

“为什么”这个词再次出现。我们为什么要这样做？除非我们心里有一些特别的选择，否则我们为什么要放弃即时满足的机会呢？换句话说，选择投资是有机会成本的，就像随后在决策过程中做出的任何选择一样。我们可能在这件事上没有发言权（比如，如果我们是某只养老基金的成员，每月必须缴纳一笔固定的金额），但是在几乎所有其他情况下，我们都有选择。我们需要清楚我们为什么准备承担这个成本，以及我们愿意支付多少钱。

可以说，就很多个人而言，他们的动机仅仅是“未雨绸缪”，因此头脑中没有具体的目标，但这最多只是部分正确而已。他们这样做的动机是担心自己将来需要支付一些费用，比如住房或者医疗费用，而他们可能无力承担这些费用。因此，他们考虑的是未来的负债，但无法详细说明这些负债可能是多少或者这些负债可能何时出现。机构投资者能够并且应该对此有更科学的认识。

我们的投资目标如何以及为什么受到未来负债的驱动

我们又一次问“为什么”。为什么我们要为未来的负债建模？因为这样做，我们可以计算出我们现在和未来需要的资产回报率，以合理地确保在负债发生时偿付它们。这就是我们的目标回报率。请注意“在负债发生时”这句话。我们不应该关心我们能否偿还负债，或者一些所谓代表它们的虚假的资产净值（NPV），而应该关心当负债在未来发生时，我们能否偿还。遗憾的是，大多数国家对养老基金的公共政策都持前一种观点，尽管这显然是一种根本性的错误，但是养老金发起人、受托人和顾问都对此没有异议。

养老基金在这方面处于最有利的位置，因为它们将能够对未来负债的金额和期限建模。金额可能会受到通货膨胀的影响，但这可以通过从“通货膨胀 +”的角度考虑解决。期限只会与你的精算师的判断一样，而传统上精算师的判断相当糟糕，但这可以通过场景建模来解决，将寿命作为一个变量。因此，至少在一定范围内，养老基金能够而且应该有能力轻松地为自己的负债建模。

然而，在最终薪金养老金计划中，它们将根据对新成员开放或者封闭而以不同的方式为自己建模。如果一项计划对新成员封闭，该计划将在最后一位受益人去世时终止，那么随着时间的推移，该计划的资本可能会逐渐降至（但不会完全达到）零。换句话说，该基金目前的资产净值可以被用于未来的负债。

然而，对于仍向新成员开放的养老金计划而言，这将是最不明智的做法。或许审慎的做法是，在整个建模周期内，把投资组合的现值按实际价值计算的保值设定为目标。顺便说一句，如果你真的在这个基础上为该场景建模，你就会立刻认识到，既要做到这一点，又要履行未来的负债是多么具有挑战性，以及为什么有那么多最终薪金养老金计划已经终止。

关于最终薪金养老金计划，最后需要考虑的一点是它们可以对任何东西进行有效建模的时间。众所周知，事件将要发生的时间离现在越远，结果的不确定性就越大，因此在计算中必须引入的不确定性系数（可以采用一代又一代寿命延长的总百分比，或者计算出的目标回报的溢价）就越大。那么在什么情况下，这种不确定性会变得如此之大，以至于整个建模过程开始失去其价值呢？比如，有一些养老金计划可以对 100 年后的负债建模。

有人认为这简直太好了。但更好的做法可能是对一些更可控的时期建模，比如 25 年，但是要以滚动为基础，这样每过一年就会加一年。如果你采纳了本书稍早提出的建议，瞄准的是在整个时期内实现通货膨胀调整后的资产保值，那么这种略微缩减的方法几乎不会带来什么损害。

寿险公司有一个稍微更复杂的任务，因为它们通常也是年金的提供者。而且寿命会对其模型的两个方面都带来影响，而这两个方面天然就是彼此的一个对冲，这实际上应该导致比养老基金更少的不确定性。然而，它们需要仔细考虑自己将对这两类新业务的水平做出什么样的假设，尤其是因为它们的负债（年金）很可能与通货膨胀有关，而它们的资产（比如债券）则可能与通货膨胀无关。

很多基金会有义务每年支付一定比例的资产价值，这里的基本计算将很简单。而假设则没那么简单，它们在此有变成循环的风险，因为要选定的投资目标会影响支付金额，而支付金额又必须根据基金会可能事先同意支付的某些项目的具体成本进行衡量。通货膨胀也必须作为一种额外的成本进行考虑。于是，我们又一次回到了凯恩斯把通货膨胀视为一种秘密税收的观点上。

关于通货膨胀，最重要的一点是你希望如何考虑它。你会尝试预测未来几年的通货膨胀率，并将其纳入总体目标回报率的计算吗？还是你会忽略它，然后将所计算出的目标收益率作为通货膨胀率的额外需求？这两种方法都没有排除你在可能的情况下为对冲通货膨胀而提供资金的可能性，本书将在其他部分继续讨论这一点。

大学捐赠基金可能已经同意在一定年限内为大学预算提供特定数额的资金，因此大学至少能够以一定的确定性来建模，尽管显然还需要在之后做出一些假设。某些年金增长因素似乎是一个明智的起点。

随着家族办公室和主权财富基金等投资者的出现，情况会变得更加复杂，因为它们很可能根本无法确定任何具体的未来负债。家族办公室可以要求所有受益人定期更新他们对未来的计划，实际上所有人都是这样做的。有人甚至试图将这些计划与内部资金或者具有特定期限和流动性的基金进行匹配。主权财富基金可以进行宏观经济建模。例如，如果一个国家有丰富的石油储备，那么已探明储量及其使用速度将表明该基金何时需要成为净支付方，而不是净接受方。或许这相当模糊，但是随着假设的零石油产出的时间越来越近，预测将变得越来越不确定。

货币购买计划会有“负债”吗

最后，货币购买（固定缴费）养老基金如何呢？这些计划的受托人、顾问和发起人似乎都认为他们根本没有负债，因为投资风险已被转移至每位成员身上，这些成员在退休时将会获得资金池积累的资金，无论资金是多是少，他们都可以用这些资金来购买一笔年金。有人认为，尽管这种观点在法律上无疑是正确的（至少在撰写作本书时是正确的），却很难说是否道德。

在很多情况下，那些现在持有一个货币购买养老金计划的人此前持有或者被引导持有一个最终薪金养老金计划。这意味着，实际上，他们不知道的是自己正静静等待退休后的福利水平会大幅下降，也许只有一个稳健的最终薪金养老金计划可能提供的福利的 1/3 水平。

之前，养老基金及其发起人既承担能够支付退休福利的风险，又承担投资其资产的风险，这两种风险都可以被表述为在未来的某个时候，该基金将不会有足够的资金可以支付退休福利的风险。随着最终薪金养老金计划的关闭以及用货币购买计划替代它，这些风险都被转移到了其他人身上。现在，该养老金计划的成员被迫（在平均规模养老金资金池的情况下）从供应商（比如寿险公司）手中购买年金，而且该年金的规模将部分随着现行的年金利率（它与政府债券收益率密切关联）的变化而变化，部分随着成员在退休时的个人资金池的货币价值的变化而变化。

因此，该计划不再有支付风险，因为风险已经被转移至年金提供者。它也不再有投资风险，因为对受托人而言，任何一笔资金的大小都无关紧要。这种投资风险现在已经被转移至个人成员。然而，考虑到在大多数情况下，成员对于这笔钱在该计划中应该如何投资很少拥有发言权，而且很多人会认为，受托人的不胜任是导致资金危机的首要原因。在这种情况下，很多人可能认为在道德上难以接受。

即使在几年之前，在一本有关投资战略的书中讨论道德也可能让人觉得相当奇怪。但是，正如我们在考虑对自由选择可能的内部限制（比如社会责任投资）时看到的，人们现在普遍接受不能也不应该将两者分开。人们希望，对于任何已经做出了这种转变的养老金计划的受托人（记住，这代表了有关受托人在自行管理养老金计划方面已经承认失败）而言，现在很难不是被迫地展示他们至少进行过这个讨论。

他们的决定将取决于他们的良知，但是有争议的是，他们的目标应该是保证每个成员在退休时领取的年金与其之前在最终薪金养老金计划下预期的福利水平尽可能接近。至少，他们肯定应该为成员提供各种投资和定期缴费组合的选择，其中至少有一些可能接近于实现这个目标。

为了不让人们认为这是异想天开的，应该指出的是，一些比英国更开明的国家是不允许终止最终薪金养老金计划的，除非发起人首先基于这样精确的计算支付了补充款项。因此，对于英国职业养老金计划的任何成员而言，不幸的是，他们生活在这样一个公共政策似乎总是强化和鼓励不道德行为的国家。

顺便说一句，一些固定缴费养老金计划的制订者已经开始认识到，投资回报和投资期毕竟都很重要，尽管这种认识姗姗来迟。本章将会继续阐述这些进展。

投资期限的重要性

正如我们已经看到的，我们能够使用未来负债的模型来计算目标投资回报率，并根据未来结果的不确定性对模型进行必要的调整，从而决定采用何种方法来应对通货膨胀。因此，我们现在已经计算出了我们希望实现的“目标”。这似乎是一种非常基本的、甚至过于简单的描述，但可怕的现实是，大多数机构投资者甚至从未走到这一步。这是一种双重不幸，因为他们不仅不知道自己的目标回报率可能将是多少，而且对于自己是长期投资者还是短期投资者也没有清晰的认识，这就意味着他们将不知道如何完成自己的任务。

我们已经描述了“目标”，现在必须转向“什么时候”。正如拿破仑所说的，你前进的方向只是故事的一部分，时机也很重要。如果你提前一天到达战场，你就可以通过提前做准备来确保胜利，但是如果你晚一天到达战场，你这一方就已经被打败了。而这一点经常被投资者忽略。

我们投资的时间尺度应该与我们负债的时间尺度相匹配，这似乎是一个常识性的命题，我们需要在一些细节上探究这在实践中并没有发生的原因。

我们将很快讨论这个问题，但首先，为了防止养老金顾问们声称他们已经在这样做了，让我们明确一下我们在谈论什么。养老基金确实尝试将持有债券的期限（这是一个略微不同且相当有技术性的指标）与其负债的期限相匹配。然而，这个过程从根本上是有缺陷的。

第一，也是最显而易见的，这根本就是不可能的，至少目前是不可能的。因为当前根本就没有足够的长期政府债券可供选择（也没有期限足够长的政府债券，这种区别并不像看起来那么有学究气），尤其是在美国，公共债务的期限比英国的要短得多。因此在实践中，两者之间总是存在差距。

第二，它做了很多假设，但没有一个假设是可持续的。它假设债券是养老基金在其投资组合中唯一需要的工具，并假设负债不会发生变化，进而假设通货膨胀和寿命对这些负债的影响都不会发生变化。正如我们已经看到的，试图保护投资组合不受这些因素影响有时是可能实现的，但只是在一定程度上，而且通常要付出巨大的额外成本。它还假设从精算的角度看，养老基金至少已经获得了充足的资金。

因此，我们很难避免得出以下结论：养老金顾问仍坚持将债券与负债的期限相匹配的观点，仅仅是因为这可以让他们避免进行任何真正的思考。这也使他们不必了解除股票以外的任何新奇的资产类型（在这里，“新奇”指的是“除债券以外的任何资产”）。在股票中，他们至少可以在“风险即波动”的错觉中寻求安慰。这种方法对他们而言是舒适的，而且已经被广泛纳入立法和监管。

关于投资期限的难题 1：周期性回报的苛刻

我们遇到的第一个难题实际上是巨大的波动性信心幻觉的一个直接后果。即使是那些每天花好几个小时寻找标准差的人，也很少会停下来思考如何计算标准差，或者为什么要计算标准差。

标准差是衡量波动性的一个指标，它是由方差推导出来的。[①] 方差是衡量样本中的“观察值”（单个数据点）与平均值（均值）之间的距离的指标。因此，方差和标准差低的样本会紧密地聚集在平均值附近，而方差和标准差高的样本将会广泛分散，其中一些单个的数据点会出现在距离平均值之上或者之下很远的地方。

这些数据点是什么？它们是被考虑的任何资产或者资产类型的周期性投资回报。其涉及的周期将取决于正在进行的分析的类型。在一种极端情况下，年度回报通常被视为足以满足资产配置的目的，而在在险价值方法中所使用的是日回报。在险价值衡量的是某一特定投资组合在一天内可能遭受的最大损失，因此使用日回报是完全合适的。不太清楚的是，在险价值是否真的能告诉投资者任何对他们有用的信息。因此，周期性回报可能是年度的、季度的、月度的、每周的或者每天的。最重要的是要记住它们衡量的是什么：在特定时期内资产或者资产类型的回报。这一点非常重要。

关于投资期限的难题 2：不恰当地基准

这种对周期性回报的执著蒙蔽了投资者的眼睛，使他们对这样一个事实视而不见：还有另一种与长期投资业务密切相关的回报衡量标准，即内部收益率，它衡量的是一笔投资在一定时期内的回报。从时间的角度看，它不仅更适合，而且还有另外两个非常重要的优势。

第一，内部收益率是一个现金指标。它是通过观察实际的现金流在何时发

---

① 标准差是方差的平方根。

生，然后计算它们产生的回报来发挥作用的。周期性回报并不会这样做，它是基于“按市值计价”发挥作用的。如果你在 3 月份买入了一些可口可乐的股票，到 12 月份，它们的市场价格已下跌了 10%，你的股票将被记录为亏损了 10%，但你当然没有亏损。如果你卖出了这些股票，你可能就会亏损，但是你可能很多年都不打算卖出它们。那么，为什么要让你蒙受实际上并没有发生的损失——一笔纯粹是概念上的损失呢？内部收益率所做的是观察当你买入股票时的负现金流、当你卖出股票时的正现金流，以及从股息支付中得到的正现金流，然后计算整个持有期内的现金回报率。

相反，如果你采用周期性方法，那么你的资产的“价值”每年都会欢快地上下波动，从而产生了波动性，让你可以衡量你的投资“风险”，但实际上投资的风险是完全不同的东西，正如我们很快就会看到的。然而，这些收益或者损失都是名义上的，而不是真实的。它们是或有收益和损失，只有当你最终出售资产变现时才会成为现实。对投资者而言，重要的应该是他们在持有资产的精确期限内的实际现金回报，而不是在一段时期内（比如一个自然年）按市价计算的名义收益或者损失。

第二个优势是，不同于周期性指标，内部收益率考虑了货币的时间价值，即未来现金流发生的时间越远，它现在对你的价值就越低。事实上，这就是计算内部收益率的方法，即通过计算将相关现金流的净现值还原为零的贴现率。如果你不理解这个概念，请不要担心。最重要的是你要认识到这样一个事实：对于同等金额的现金流而言，未来的价值要低于现在的价值。毕竟，你是愿意今天得到 10 美元，还是一年后得到 10 美元呢？

内部收益率包含了对货币的时间价值的理解，而周期性回报则没有。相反，一项资产的长期回报率是按“年化”计算的，是对持有期的周期性回报率取一个的简单的平均值。使用这种方法时，假设每年的回报值是不变的，不论它实际发生在什么时候。换句话说，如果你在持有一项资产的第 10 年获得了巨大的收益，那么这就会被认为给你带来了与第一年相同的收益。

既然复合回报相对周期性回报有这么多优势，为什么它没有被广泛使用呢？答案与一个典型的进退维谷的困境有关，而罪魁祸首又是“波动即风险”的观点。投资者认为波动性和风险是一回事。波动性只能通过周期性回报来衡量，因此投资者会使用周期性回报。

关于投资期限的难题 3：职业风险

苛刻的周期性回报的一个直接后果是，它们关注的是发生在一个时期（比如一个自然年）的事情，而不是投资者在真正的投资期限内（可能长达数十年）发生的事情，这取决于建模中未来负债出现的时间。对于那些要为投资组合的表现负责的人而言，这是一场灾难，并会触发一些行动，而这些行动实际上更有可能导致糟糕的表现。

这意味着，对大多数投资经理的评估是基于他们在一年内的表现进行的，如果他们获得了高回报，就会得到奖励；如果他们表现不佳，就会受到惩罚，甚至被解雇。即便如此，这其中还存在另一个不合理之处，即基准的选择通常很随意，比如股票指数或者凭空拿出来的具体数字，而不是有意义的数字，比如投资者的目标回报率等。

现在人们普遍认识到，职业风险，即对就业前景的合理担忧，在所有的商业决策中都扮演着重要的角色。就投资管理而言，它有一个可预见的后果。投资管理人最主要的两个愿望是：第一，尽可能地接近给定的基准；第二，设计一个潜在下跌空间尽可能小的投资组合。

认识投资期限在固定缴费养老基金投资中的重要性

如上所述，固定缴费养老金计划的资产投资有一个特殊的方面值得特别注意，那就是将所选定的资产与不同成员的投资期限进行匹配的技术。作为一个普遍理论（令人困惑的是，它通常被称为“生活方式”投资），它已经存在多年，但近期又被视为一种专业且复杂的领域。或许这样一来，那些给养老基金提供建议的人能够证明，对他们提供的建议以及创建的适当的基金产品收取高额费用是合理的。然而事实上，理论及其所需的执行都很简单，任何拥有自我管理养老金计划的个人投资者都可以轻松完成。

能够设想这样一种方法所需要的关键元素，也是打破全球养老基金资产进行明智投资的智力障碍所需要的因素。我们需要认识到，第 5 章所讨论的“波动性不好，流动性好”的传统思维模式是错误的，至少就其适用于长期投资者而言是错误的。我们用固定缴费养老基金的两位成员的情况来说明这一点。

苏珊 63 岁，她计划在大约三年后退休。她加入养老基金已经 30 多年了，积累了一笔合理却金额不多的养老金。她将被要求在退休时使用这笔钱中的大部分来购买一份年金。

史蒂芬 30 岁，打算工作到至少 65 岁。到目前为止，他还没有积累多少养老金，但他对此相当放松，因为他和他的老板在未来 35 年都将向该基金缴费。

苏珊和史蒂芬有一个共同之处，且只有一个共同之处（除了他们是同一个养老金计划的成员之外）。当他们退休时，他们都需要购买年金，并需要使用他们全部或者大部分的养老金来购买年金。然而，他们的持有期是完全不同的，这其中的意义匪浅。这意味着苏珊本质上是一位短期投资者，而史蒂芬是一位长期投资者。

对苏珊而言，如果她的养老金在未来三年中大幅缩水，那将是一次巨大的灾难，因为这样一来，她用来负担退休后开支的年金将比她本来能够拿到的要少。另一方面，史蒂芬基本上对这种减少漠不关心。当然，尽管他更希望这笔钱的价值上升而不是下降，但如果他是一位理性的投资者，他就会承认，真正要紧的是未来 30 年中将发生什么，而不是未来三年。另外，人们认为，假如一个人接受了更高的风险水平，那么他也能够有理由期望更高的回报，至少从长期来看是这样的。那么对于像史蒂芬这样的长期投资者而言，波动性实际上是一件好事，是值得拥有的，并不像马克维茨（Markowitz）在其 1952 年发表的具有里程碑意义的论文中所说的那样，是不受欢迎的东西。

流动性面临着类似的情况。苏珊需要能够在三年内购买她的年金，为了达到这个目的，她需要现金，这就意味着她需要持有那些能够轻易和快速地转化为现金的资产。持有私募股权或基础设施基金等不存在公开市场的资产对她没有好处，这些资产在多年时间里只会偶尔产生现金，而且无法预测。她的投资组合中需要有诸如信用等级高的政府债券等资产，因为这些资产即使在不正常的市场环境下也能够轻易变现。

另一方面，在正常情况下，史蒂芬应该尽量减少他投资组合中的流动性，甚至可能完全不拥有流动性。因为，正如耶鲁大学捐赠基金资深首席投资官大卫·斯文森所指出的那样，流动性会以较低的预期长期回报为代价。对史蒂芬而言，持有不必要的流动性（比如政府债券）就好像拉着手刹开车一样，它们只会拖累投资回报。对苏珊而言，这是值得支付的代价；对史蒂芬而言则不是。

遗憾的是，很多英国的养老基金都忽略了这一原则，并一如既往地以差不多相同的方式代表固定缴费（“货币购买”）计划的成员投资，仿佛它们已经确信了最终薪金养老金计划的保护。不过值得庆幸的是，这种思维正在逐渐改变，这不仅是受到了转向固定缴费规定的驱动，也受到了自动登记机制的驱动。例如，人民养老金（The People’s Pension）提供了一个“冒险”的选择，但即便是这个选择也只包括上市股票，从而完全避开了非流动资产。

在世界其他地区，生活方式投资和“目标日”基金正日益成为投资领域的一部分。如上所述，后者似乎只是某些第三方提供的复杂且昂贵的版本，而养老金受托人，甚至他们的成员，都可以并且应该使用交易所交易基金（ETF）为自己做到这些。这个想法和上文提出的建议完全一致，年轻成员主要持有非流动资产和波动性大的资产，随着时间的推移，当他们接近退休年龄时，其持有的资产会过渡到纯粹的债券型投资组合。这种转变发生的速度被称为“下滑路径”，这自然会成为学术辩论和昂贵建议的主题。

小结

因此，正如我们已经看到的，如果我们是长期投资者，或者对于我们作为长期投资者的部分投资组合而言，我们应该朝着某种情况努力。在这种情况下，我们能够通过参考长期复合回报和负债（因此也包括投资）的期限来总结我们的投资目标。前者应该是一个基于可能的负债计算（或者至少是评估）出来的数字，后者则是基于你选择的负债建模的时间。

这与现行做法形成了鲜明的对比。在现行做法中，只要投资者陈述了这些内容，他们就会使用“年化”（平均每年的）回报和波动性（一些标准差数字），但都受制于流动性总体水平的约束。在实践中，这些数字也将凭空被任意选定，而不是计算出来的。

这反过来对我们选择如何实施投资过程有非常重要的影响。如果你在出发时不知道要去哪里，或者不知道要花多长时间才能到达目的地，那么如果你选择了错误的路线、错误的交通方式，那么完全迷路也就不足为奇了。然而可悲的是，这恰恰是全球大多数投资者最终会做的事情。

在接下来的章节中，我们将研究一种更明智的前进方式。尤其是我们需要确保从这个过程的一个阶段到下一个阶段有一个稳定且合乎逻辑的进展。因此，在考虑了我们是什么类型的投资者、我们正在努力实现什么、我们尝试这样做时能得到什么资源，以及我们的行动自由可能受到什么限制之后，我们现在需要考虑的是我们应该投资的资产类型以及如何投资（这是一个经常被忽视的要点）。

INTELLIGENT INVESTING 第7章

资产配置：从理论到实践

资产配置背后的主要原则是：选择不同的资产类型，并做出大体相同的配置；尽可能避免流动性投资，因为从长期看，这类投资很可能表现不佳；尽可能选择那些彼此不相关的资产类型，这样就可以避免所有资产类型同时都产生负回报的情况。

如果你没有准备好以任何理由对某种特定的资产类型做出重大配置，那么你最好根本不要考虑它。

我们应投资什么类型的资产？这似乎是一个非常基本的问题，事实也的确如此。然而，它还没有基本到我们应该像大多数投资者那样，从它开始我们的旅程。读到这里，你会明白我们必须先提出很多初步问题，尤其是“我们是什么类型的投资者”以及“我们想要达到什么目标”这样的问题。这是这个旅程中一个非常重要的阶段。在这个阶段，我们从主要关注内部的过程、审视自身所处的环境，转向关注外部的过程、考虑各种类型的资产和投资方法。

在这样做的同时，我们还面临着一个悖论，而它似乎是金融和投资的特征。可供投资的资产从来没有像现在这样广泛，尤其是对个人投资者而言，传统上，他们的选择非常有限，但是在很多情况下，资产选择的实际范围从来没有像现在这样窄。在极端情况下，我们发现世界各地的很多投资者主要持有的资产是他们本国政府的债券，而其他一些投资者则不情愿地增加了一些其他类型的固定收益资产以及一些上市股票。

我们已经谈到了造成这种情况的很多原因。到目前为止，最强有力的原因是政府及其控制的央行（无论是公开的还是秘密的）决心创建并且维护其证券的虚假市场。这可以通过在二级市场上公开购买债券来实现（比如量化宽松）或者不那么明显地通过监管（迫使国内金融机构持有政府债券或者至少强烈劝阻它们不这样做）来完成。

当然，理性的投资者会拒绝参与虚假市场，因此需要监管部门迫使他们这样做，不管他们是否喜欢。为各国财长和央行行长创建一个由金融监管者运营的市场操纵支持团体，并运用一些国际的和/或超国家措施（比如《巴塞尔协议Ⅲ》和《欧盟偿付能力Ⅱ》等）强化了这种强制手段。

由此造成的直接和间接的后果远远超出了最初受影响的领域。直接后果是，对所有类型的固定收益工具都会产生连锁反应，无论它们的期限、面值或者发行机构的类型（政府或者公司）如何。所有债券类型工具的定价（以及收益率，因为两者是负相关的）都是根据金融理论的伟大备用理论（即传说中的无风险收益率）来评估的。不管这看起来多么荒谬，鉴于全球各国政府信用评级的大幅下调，这仍被假设为与短期政府债券利率相同。因此，如果政府债券的收益率被人为地操纵到一个较低的水平，从而使负债累累的政府能够在市场不允许的情况下继续借款，那么公司债券的收益率也会被人为地压低。你仍然可以运用一个适当的差别利率，只是基准利率实在是太低了。

这间接地对养老基金及其成员造成了灾难性的影响，具体表现在两个方面，一个很明显，另一个则没那么明显。

第一，这意味着养老基金的收入要低于正常情况下的收入，因此在偿还负债时可用的资金也就更少。事实上，在写作本书时，包括英国和美国在内的很多国家的政府债券的实际收益率都为负。换句话说，通过持有政府债券，一旦考虑通货膨胀因素，养老基金就肯定会赔钱。很多人会说，政府债券根本就算不上一种“投资”。

第二，就固定缴费（货币购买）养老基金成员而言，接近退休年龄的人越来越多，他们被要求（除非他们有非常多的养老金储备）购买年金，以提供退休后每年的收入。人们通常不理解的是，年金利率反倒是基于债券收益率的。因此，对于任何给定的资本总额，领取养老金的人获得的收入将比他们在其他情况下少得多。因此，无论量化宽松可能使谁受益（除了使政府受益之外，它是否真的使任何人受益似乎非常值得怀疑[①]），它对领取养老金的人和养老基金而言都是毒药。

当然，还有其他原因。最主要是因为很多人对流动性的迷恋，他们认为这是不在债券和上市股权之外寻找资产的原因。我们在第6章已经指出这是不合逻辑的。流动性以较低的预期长期回报为代价，因此投资者实际上应该尽可能少地持有这类资产，而不是尽可能多地持有。然而，即使忽略这一点，投资者的行为也仍经不起仔细推敲。

毕竟，如果一个人正在寻求流动性，那么活跃的外汇（现金）或者黄金又如何呢？黄金的流动性不仅与货币本身一样强（如前所述，黄金往往被称为一种没有国家的货币），而且即使在货币不再有任何价值的情况下，它也仍可以保值。大宗商品和能源资产呢？它们都可以在公认的全球市场上即时交易。这些都是流动资产，但都被忽略了。可悲的是，对流动性的迷恋只不过是一种手段，胆小、固执和无知的人都可以而且确实把它当作一个借口，从而不必在研究其他资产类型时所需的艰苦工作和独立思考上投入。

然而，这里还有更多的不合逻辑之处在发挥着作用。正如我们在第4章中看到的，对于投资风险的本质存在着广泛的误解，世界上大多数投资者都选择将其等同于历史周期性回报的波动性（方差）。再说一次，这是那些智力上懒散的人的避难所，他们不希望进行独立思考或者冒险进入任何困难的领域。每当被问及对任何投资理念的看法时，很多人都会念念有词："流动性好，波动性不好。"

然而，这包含着另一个显而易见的悖论。流动资产的价值（假设价值和价格是相同的）每分钟甚至每秒钟都在上下波动，因为这就是市场运作的方式。非流动资产通常并不以市场价格为基础，而是以基础资产的价值为基础。这些资产的

① 当然，在英国，令人沮丧的是量化宽松未能实现它最初宣称的增加贷款的意图。事实上，在推出量化宽松之后，M4放款额稳步下降。

价值往往会随着时间的推移保持相对稳定，尽管需要定期进行专业的重新估值。因此，假设你按照金融监管的要求，将你的资产按市值计价，那么你的投资组合就不可能在不增加波动性的情况下提高流动性。例如，黄金也许是最具流动性的资产，但在短期内它也可能大幅波动。"流动性好，波动性不好"是一派胡言，因为你不可能在增加波动性的同时不提高流动性。即使是政府债券的价格（与自己的价格相比）也会随着时间的推移而发生波动，而不像一些狡猾的顾问衡量的是债券价格相对于股票价格的变动。

我们将花一点时间来看看投资者目前可以选择的资产类型，但首先让我们思考一下，为什么从债券和股票转向那些仍被人草率地称为"另类"资产的领域可能是有意义的呢？顺便说一句，在我们这样做时，让我们再次提醒自己，我们在这里考虑的投资者要么进行长期整体投资（比如主权财富基金），要么持有部分债务（也包括他们的投资组合），这些投资本质上是长期的。例如，所有的养老基金都属于后者。

我们已经看到了支持某些另类资产的一个非常强有力的证据。这些另类资产是非流动资产，比如私募股权、房地产、基础设施、农业和林业资产，以及（实际上）很多对冲基金。在这里，理性的投资者应该寻求运用非流动性溢价，即放弃短期流动性，以换取更高的长期回报预期的原则。事实上，如果我们遵循这一论点得出合乎逻辑却荒谬的结论，理性投资者就将只能持有非流动资产。

合乎逻辑是因为一位理性的投资者应该寻求尽可能最高的回报，但这又是荒谬的，因为投资回报往往并非唯一的衡量标准。例如，监管问题将引起很多投资者的注意。荒谬的另一个原因是我们很快就会发现，可能无法找到足够多的非流动资产类型来投资。例如，在很多情况下，这些"私人市场"资产类型将受制于准入和选择等问题，这可能会让一些投资者感到不切实际，尤其是那些管理着非常少量资产的投资者。

正如我们在本章前面看到的，很多投资者似乎假设另类资产必然是非流动资产，这是一个很大的错误。一些资产（比如黄金和活跃的货币）的流动性甚至高于债券和股票，而另一些资产（比如大宗商品和能源资产）也毫不逊色。这种所谓的“非流动”是那些无论出于什么原因都不愿考虑另类资产的人所兜售的有关另类资产的另一种荒诞的说法。

那些有兴趣更详细地了解这些不同资产的人可以参考我的一部新作——《另类资产：后危机世界的投资》(*Alternative Assets: Investment for a Post-Crisis World*)。按照流动性的大致降序排列，另类资产包括黄金和其他贵金属、活跃的货币、工业金属、石油和天然气、农业大宗商品、对冲基金（这个术语包括了大量的投资技术）、房地产、私募股权、基础设施、农业用地以及人工用材林等。此外，很多投资者都对所谓的“新型”资产越来越有兴趣，包括钻石、艺术品、古玩、钱币和邮票等。

对待所有这些不同的资产类型的必要态度可以非常简单地概括出来。除了“新型”资产是唯一的例外之外，它们与传统的主流债券和股票资产一样有效，一样值得投资。从我们的投资组合中剔除一些这样的资产很可能有实际或者财务方面的原因，但一旦我们选择了某些资产，那么原则上我们就没有理由认为应该比其他资产持有更多或者更少。因此，正如我们将要看到的，如果没有准备好以任何理由对某种特定的资产类型做出重大配置，那么最好根本不要考虑它。这是另一个在实践中被广泛忽略的基本原则。

三种不同的资产配置方法

假设你的一位朋友在工作中发生了事故，受了重伤，伤情严重到他再也不能工作了，他因此获得了一大笔赔偿金。他找到你，就如何处置这笔钱征求你的建议。你可能会提出以下三种主要的方法。

第一种方法是说：“这是全部的钱，可以支撑你度过余生，因此你不能失去其中的任何部分。”如果你要使用这种方法，你可能会建议朋友将所有的钱都投入政府债券。但是，这种方法面临着通货膨胀的问题。即使你是免税投资者，也无法保证债券收益率会跟上通货膨胀的脚步（正如我们已经指出的，在写作本书时，英国债券的收益率实际为负）。而如果你是一位纳税人，那么唯一的保证是债券将永远无法跟上通货膨胀的脚步。因此，你的朋友将看到他的赔偿金的实际价值年复一年地稳步减少。如果你的朋友现在非常年轻，这确实是个非常糟糕的消息。因为当他到了退休年龄时，他很可能已经穷困潦倒了。

第二种方法是说："你需要增加你的投资组合的价值，所以你需要投资股票市场。"这种方法也存在各种各样的问题。第一，股票市场的回报往往具有很强的周期性，如果当你的朋友投资时，股票市场恰好处于一个周期的顶部，那么他可能要等很长时间才能回本，即使是按名义价值计算，扣除通货膨胀因素之后的回报要低得多。第二，人们开始认识到，自20世纪90年代以来所经历的股市回报率的强劲上扬（至少有时候）时期，实际上可能是一种反常现象，是一个例外而非普遍规律。当然，如果你以20年为单位考察股票回报率，历史回报甚至常常很难与通货膨胀相匹配。因此，即使从长期看，把你所有的钱都投入股票市场是一种免费的致富之旅的想法也开始变得相当危险了。

世界上大多数投资者都会选择将方法1（"完全不投资"）和方法2（"我们把所有钱都用来买股票吧，看看会发生什么"）结合起来使用，希望自己得到最好的而不是最糟糕的结果。然而，还有另一种方法。

第三种方法可能是说："这里有五种资产。你为什么不为每种资产投入20%的钱呢？顺便说一句，我已经以这样的方式选择它们了，至少如果历史回报多少有些指导意义的话，那么这些资产中的钱不应该同时涨跌。"刚刚描述的这些与大卫·斯文森所采用的耶鲁模式（Yale Model）差不多。

我对这种方法是有保留意见的，我们假设我们可以使用过去预测未来，但这种方法不及其他两种方法，事实上是远远不及。因为在这里，我们并不太关心实际的回报水平，甚至也不关心它是否有可能超出预测范围，而只是关心它们之间的相互关系，也就是我们所说的相关性。

相关性

让我们先来准确地了解相关性是什么，或者更准确地说，相关性代表什么或者衡量什么，然后考虑它在作为投资决策的辅助工具时的优缺点。

有时，人们会将相关性与波动性混淆，这或许是可以理解的，因为它们都不是我们大多数人在日常生活中常遇到的概念。记住两者之间的区别的最简单方法是，波动性衡量的是一个事物（在这种情况下是一个投资价格或者回报，取决于衡量的是谁）随着时间的推移上下运动的幅度，而相关性衡量的是两个这样的事物在同一时间一起上下移动。

想象一下，两只股票以某种方式锁定在一起，因此总是以同样的方式波动。如果其中一只股票在某一天上涨了5%，那么另一只股票也会在同一天上涨5%（同样，它们会一起下跌），我们就会说这两种资产是完全相关的。如果我们要衡量随着时间的推移，它们各自的市场价格的相关性，我们就会发现它们之间的相关性是100%。

同样，如果我们有两只股票，其中一只是另一只的镜像，每次其中一只上涨5%时，另一只下跌5%，我们就会说这两只股票是完全的负相关，如果重复我们的计算，这次的答案将是–100%。

当然，在实践中，无论是正相关还是负相关，我们几乎都不可能找到完全相关的例子。即使同一个政府发行的不同债券也不完全相关，因为每只债券将拥有不同的存在期（“期限”），长期债券的价格通常略低于短期债券，以便为投资者提供略微更高的回报，作为对准备购买较长时间的不确定性的一种回报。

因此，当我们谈论资产之间的“高度相关”或者“低相关”甚至“不相关”时，我们谈论的是程度问题。我们可以举出两个很好的例子，高相关性和低相关性各一个。英国富时指数（FTSE）和标准普尔（S&P）的上市指数彼此之间高度相关，即使在使用总回报（加上股息收益率）时仍然很高，但由于英国公司传统上支付的股息较高，相关性就不那么高了。另一方面，天然气和原油价格之间呈现出负相关关系，这也许有些出人意料。

顺便说一句，这两个案例中的第一个案例展示了一个重要的原则。很多寻求分散投资的投资者想要购买一些“不同”的东西放入他们的投资组合，而很多英国投资者实际上已经“分散”投资于美国的上市股票。然而，正如我们的例子所示，他们根本没有进行任何真正的分散化投资。因为分散化投资并不是购买一些“不同”的东西，而是购买一些在你的投资组合中表现不同的东西。由此得出的结论是，资产的名称或者分类方式根本就不重要，这是世界上大多数投资者都可以借鉴的另一个重要教训。你选择贴在盒子上的标签并不重要，重要的是盒子里的内容在你的个人投资组合中可能如何表现。

越来越多的人开始认识到，相关性可能是投资组合中缺失的一种神奇的元素。本书的作用并不是教授基本的金融理论，而是要让那些尚未熟悉“扩展有效边界”这一概念的投资者立即熟悉它，因为它是现代投资战略的核心。

简而言之，对于任何给定的“风险”水平（波动性），人们都可以构建一个名义上的投资组合，为特定风险水平提供尽可能高的回报，这在逻辑上必须是正确的。这并不是说真的有人做到了这一点。毕竟，要做到这一点，你需要身处未来，回望今天。我们这些没有时间机器的人根本不知道任何特定的投资在未来可能会有怎样的表现。但是，很明显，如果有人可以构建无数个名义上的投资组合，这些投资组合都表现出相同的波动性，但它们都是由不同的资产组合构成的，那么随着时间的推移，其中一个投资组合的回报率将高于其他任何组合。我们将这个组合称为有效投资组合或者最优投资组合，它位于一条被称为“有效边界”的线上。这条线是通过画出每个有效投资组合的风险与收益之间的关系绘制出来的，每个有效投资组合对应一个风险值。

通过在有效投资组合中加入低相关资产，在某些情况下，我们有可能让该投资组合超越这条线，而传统金融理论认为这是不可能的，因为它假设“风险”（波动性）和回报之间存在一个固定的关系，就像牛顿的宇宙设想提出空间与时间之间有固定的关系一样。例如，通过明智地在一个投资组合中将天然气和原油过去的价格混合在一起，你既可以提高该组合的平均年回报率，也可以降低其波动性。

迟来的开悟往往伴随着过度的热情。在很多领域，对“不相关回报”的追求已经达到了寻找“圣杯”的程度。这是值得欢迎的，因为它把对资产配置的讨论提升到一个很高的水平，但要小心，因为对这种神奇物质的兴奋使很多人对于可能存在的缺点和反对意见视而不见，虽然不可否认的是它可以有效提高整体回报，但是需要人们注意理论上的一些保留，哪怕仅仅是为了保护一种基于相关性的方法而远离其批评者（有很多批评者）。

运用相关性的一些缺点

第一个缺点是，相关性计算的结果会变化不定，这既取决于你用哪个时间段的回报进行比较，也取决于你在给定时间段内取样的频率。

一方面，这提出了一些具体的实际问题，因为不同的回报基数开始于不同的时期。例如，在刚刚给出的天然气和石油的例子中，天然气价格数据始于石油价格数据之后；英国蓝筹股富时 100 指数早于美国的标普指数。因此，你选择研究的时期会影响相关性数据。

另一方面，与战略资产配置不同的是，在进行在险价值等操作时，尤其会影响使用方法的不同，即使你考察的是同一时间段的回报。例如，如果你考察同样的 20 年，在险价值从业人员会计算每日的相关性，而他们的投资战略同事通常会使用年度相关性。

这些都是完全正确的，但由于投资策略目的，它们通常都被忽略了。毕竟，相关性只是仪表上的一个刻度盘，而其他因素（比如波动性、回报、流动性以及通货膨胀）也都会被用于任何决策。顺便说一句，在计算波动性时，同样的反对意见也是成立的，但传统的牛顿学说似乎没有担心这一点。

第二个缺点是，随着时间的推移，相关性也可能会发生变化，有时变化非常明显，就像在2008年当年以及2008年前后所发生的那样。批评人士说，尽管计算出某类资产在过去20年的表现与上市股票的相关性达到了40%，但是如果这个相关性在一年内突然升至75%，那么最初的计算还有多大意义呢？这里有两点需要考虑。

第一，尽管运用现有数据无法从数学上证明这一点，但似乎至少在2008年前后相关性的突然飙升有很大一部分是人为因素所致。正如前文指出的，投资关乎情感的程度至少与其关乎理性的程度一样高，而且有时投资会受到情感的强烈驱动。当恐慌来袭时，人们很可能会同时抛售类似的资产，这与2008年的情况非常相似，尤其是在对冲基金等领域。人们意识到，在极端的市场环境下（比如雷曼兄弟倒闭），他们误判了各种资产（比如公司债券）的流动性，这加剧了危机。然而，长期投资者不应该卖出任何东西。相反，他们可以将市场低迷视为买入良机。问题在于，这需要有巨大的个人勇气，即在其他人都在抛售的情况下买入或者持有。

第二，只有当你相信在金融理论中可以用过去来预测未来，以及正态分布总是适用于投资回报，这才是真正的问题。遗憾的是，很多投资者实际上确实相信这些，但是请记住，这两个假设都不成立。投资是一门艺术，不是一门科学。过去的数据可能提供了有用的指导方针、原则，甚至是假设，但仅此而已。它们仅仅是仪表上几个不同的刻度盘，有经验的投资者会用它们来判断下一步要做什么。遗憾的是，很多投资者似乎都相信金融是一门科学，其规则是绝对的、客观的和可预测的，但它们并不是这样的。事实上，它们可能甚至根本就不是科学意义上的“规则”。

最强烈的反对意见尚未出现，但具有讽刺意味的是，它是批评人士未能发现的，因为他们甚至不明白它为什么是一个问题。

与波动性一样，相关性只能运用周期性回报来衡量。不管你选取的是什么周期，无论是年度、季度、月度、每周甚至每天都没关系。只有当你能输入两个时间序列的数据，并且任何时间序列的数据在本质上都必须是周期性的，这种计算才会有效。

然而，正如我们在考察波动性时所看到的，在考察投资表现时，盲目地采用周期性回报会带来两个重要的缺陷：第一，基于第 6 章所述的原因，周期性回报并不代表投资者在现实生活中持有一笔实际投资；第二，由于各种实际原因，有一些资产类型的周期性回报并不是有效的回报衡量指标。

这些资产都可能被描述为“现金流类型的资产”，虽然金融理论乐于对它们喜欢的资产运用不同的方法（比如用复合回报作为衡量债券的指标），但它们会不合逻辑地拒绝将这些方法运用于私募股权、基础设施和房地产等资产，以及各种能源类型的资产，比如石油和天然气使用费。因此，我们应该对这些资产类型的“相关性”数据保持谨慎，因为它们只能通过经过严格审核的年度回报来计算，而在很多情况下，年度回报会让人们对实际表现产生误解。

耶鲁模式

在了解了将相关性作为投资考虑的一部分的利弊之后，我们可以再次回到第三种方法——五份法，它是由耶鲁模式概括的，至少大体上如此。

大卫·斯文森的书为我们提供了一个有启发性的见解。我们已经了解了他对流动性的观点，现在让我们来看看他的著作中的另一个重要特征，这个特征使耶鲁捐赠基金和一些与其同类的美国大学捐赠基金有别于世界上其他大多数投资者。

斯文森被认为是运用若干大致相同的资产的方法的先驱者。其理念是，除了尽可能地保持非流动性，从而有可能产生更高的长期回报之外，它们还应该尽可能地保持不相关。当然，后一种要求是根据上文记录的保留条件而定的。

遵循这一原则的重要一点是，不应对任何一种资产类型进行配置，除非这种资产数量巨大。斯文森最初表示，任何低于15%的配置都难以证明其合理性。我一直认为，这可能把门槛定得过高了，尤其是对于主权财富基金等非常大型的投资者而言，它们可能会发现，很难在不降低管理人品质标准的情况下，将总资产的15%配置到任何一个领域。因此，大型投资者可能更偏好10%，但是总体原则是正确的。对于除大型投资者以外的投资者而言，15%仍是一个不错的指导方针，20%也许更好。未能认识并遵循这一原则是全球投资者和顾问最常犯的错误之一。资产类型配置的比例低至3%的情况并不少见。这样的投资者完全不配置资产类型会更好。

这有两个原因，其中一个原因很明显（但也不是非常明显，以至于大多数投资者都完全忽略了它），另一个则不那么明显。

第一个原因是，除非你将大部分资产都配置到某个特定领域，否则其表现不会对你投资组合的整体表现产生重大影响，那么为什么还要这样做呢？

第二个原因是，如果你只给某件事分配了很少的资源，那么你就不太可能准备投入时间、预算和资源，并以一种合适的、专业的方式去完成它。例如，如果你将20%的资产配置在基础设施上，那么你的第一个举动很可能就是打电话给一家国际猎头公司，请它为你物色一位全球领先的基础设施投资专家来牵头。而如果你将3%的资产配置在基础设施上，那么你就很可能从你的固定收益团队中拉出一些倒霉的人，并授予他们“基础设施投资主管”的头衔，其结果可想而知。

耶鲁模式的基本原理是：第一，选择大约五种不同的资产，每种资产都属于不同的资产类型，并做出大体相同的配置；第二，尽可能避免流动资产，因为从长期看，这类投资很可能表现不佳；第三，尽可能选择那些彼此不相关的资产，这样人们就可以避免所有资产类型同时产生负回报的情况。

有必要解释一下第三个基本原理。毕竟，如果你在构建一个投资组合，你期望该投组合中的所有资产不会同时下跌，那么这是不是也意味着所有资产不会同时上涨呢？如果是这样，那你肯定是有意限制自己可能的回报，这怎么可能是理性的呢？

这个问题的答案与投资中很多问题的答案一样，都是“是的，但是……”。是的，但是有一种众所周知的认知偏差认为，投资者对于损失比收益更敏感，实际上这种偏差部分得到了数学上的证明。这还不足以完全证明它是正确的（否则，它根本就不是一种公认的认知偏差），但也有一定道理。

在你的组织或者大学班级里尝试做这个实验。告诉他们，假设他们正在考虑一笔投资，这笔投资也许在任何一年都会贬值 20%，并问他们，他们需要获得什么样的预期收益才能证明进行这笔投资是合理的。理性的答案实际上是 25%。为了使这个例子简单一些，如果我们假设初始值为 100：

$$100 \times 80\% = 80$$

$$80 \times 125\% = 100$$

损失 20% 使我们的资产价值跌至 80，这就需要 25% 的收益才能使它回到 100。看看你的样本组中有多少人真正得出了这个答案。通常大多数人会提出 40% 或者更高的数字。

不过，显然，如果你想让你的投资组合的资产价值随着时间的推移不断增长，损失带给你的伤害可能会大于相应的收益带给你的帮助。让我们继续这个例子，但是假设这次资产价值先上升后下降。

$$100 \times 120\% = 120$$

$$120 \times 80\% = 96$$

因此，同样地，要使资产价值达到 125，需要 25% 的上涨，才能承受随后

20% 的下跌，使它回到 100。

换句话说，假如没有把这样的策略运用到极致，明智的做法是，准备接受一项或者多项资产在年景好时表现不佳或者可能发生亏损，以换取一项或者多项资产在年景不好时表现得可能不那么糟糕，甚至可能会盈利。例如，如果你在 2008 年持有实物黄金，那么在其他资产类型都在亏损时，你已经获得了丰厚的收益。

在简要探讨了资产配置背后的主要原则之后，让我们进一步探讨其更实际的应用。

INTELLIGENT INVESTING 第 8 章

如何进行资产配置

在进行资产配置时，我们不仅需要开放的思想，愿意考虑很多不同的资产类型，还必须商定目标回报率和投资期限。我们可以遵循以下步骤配置资产：（1）选择我们能想到的每一种资产，并找到一个好的回报数据来源来挖掘；（2）构建投资组合；（3）执行你的投资组合；（4）管理你的投资组合。

分散投资不同的资产类型的理论基础很简单。如果我们不准备跨资产类型分散系统性风险的话，那么用任何一个资产类型来分散特定风险就没有什么意义了。

我们持有一个对上市股票进行了很好的分散投资的投资组合，我们可以从数学上证明已经实现了这一点（通常公司数量大约在30家或者略少一些时）。此时，我们可以在投资组合中增加另一家公司，而不会对整体的标准差带来任何明显的影响。然而，如果投资组合中只有这些上市股票，那么我们对于已经选择的上市股票市场仍有100%的敞口。用行话来说，我们的投资组合仍完全依赖于股票的β系数。在这种情况下，β系数仅指股票市场的风险（系统性风险），即市场作为一个整体（通常由相关指数衡量）随着时间的推移而上下波动的方式，这主要受到投资者情绪的影响。

因此，跨资产类型的投资（不管人们是否将其称为多资产类型投资）并不是一种神秘的做法，优秀、稳健、脚踏实地的投资者理应对此持怀疑态度；相反，它代表基本的常识，应该由那些没有适当进行分散化投资的人来承担责任。

当然，投资者选择将多资产类型投资作为一种危险，并将其安全地锁在“毒药柜”里的原因有很多。

第一，正如我们已经看到的，有一些智力障碍需要克服，比如对流动性、波动性以及回报衡量方式等问题根深蒂固的态度。

第二，我们需要进行一些阅读和倾听，以充分了解这些被称为异类的资产类型，从而能自信地做出投资决策。这里明显存在一种两难困境。到目前为止，了解这些资产类型的最好方法是参加研讨会或者邀请管理人员参与讨论，直接了解每种资产类型的优缺点。然而，大多数投资者的做法刚好相反，因为害怕受到污染，他们将自己置身于一个封闭的环境中。

第三，或许同样根本的问题是人们应该如何规划一个多资产类型的投资组合，有两个特点使这个问题进一步恶化：（1）很少有投资者真正进行了任何适当的投资战略过程，因此当他们开始考虑构建这样一个投资组合时，他们是试图在与世隔绝的状态下确定资产配置水平；（2）没有哪一种资产配置组合完全适合任何两种投资者，因为他们的目标回报率和投资期限都不同，哪怕只是略微不同。

反过来，这意味着顾问（比如那些为养老基金提供建议的人）必须做一些事情来作为他们收取费用的回报，同时还要给出客户能够清楚理解并采取行动的具体建议，而这些建议对他们来说都没有吸引力。他们更愿意提出一种“一刀切”的方法。在使用这种方法时，他们纯粹是在简单地复制其他人正在做的事情，这被视为他们行为的理由，而不是（从逻辑上看）令人担忧的理由。

因此，既然跨多种资产类型配置在某种程度上是困难或危险的，这似乎引起了我们极大的关注，那么就让我们把注意力转向所需要的过程。在我们这样做之前，尽管不断重复，但还是要再次强调，我们关注的是长期投资者的活动，或者是投资者的投资组合中在心理上被留出来用于支付长期负债的那部分。请记住，我们所说的“长期投资者”是这样一些人：负债（无论是全部或者部分）将发生在未来两到三年之后，和/或至少在一定程度上可以预测这些负债发生的时间和金额（受制于建模过程中适当的不确定性因素）的投资者。

构建我们的“调色板”

在艺术家开始创作一幅油画之前，他们会准备一个调色板，上面的颜色是他们为了创造想要的效果而最有可能混合在一起的颜色。显然，调色板的构成在很大程度上取决于这幅画的主题。海景画需要大量的蓝色，而夏季风景画可能需要大量的绿色。以同样的方式开始资产配置过程可能非常有用。

第一，我们选择能想到的每一种资产，并找到一个好的回报数据来源来挖掘。这听起来可能很简单，但实际上问题比你可能想到的还要多，因为我们处理的是作为一个整体的资产类型，而且我们要寻找的是市场回报的某种衡量指标，即特定资产类型的 β。当我们讨论被动投资和主动投资时，我们将更详细地探讨这个问题，但是现在，让我们简单地指出几点，然后继续讨论。

回报

第一，并非所有的资产类型都有真正意义上的 β，其他一些资产类型也可能有 β，但是缺乏可靠的衡量方法。私募股权基金就是前者的一个好例子，而房地产则是后者的一个好例子，对冲基金介于两者之间。如果这似乎是一个粗略的解释，请不要担心。我们将在第 9 章中更详细地讨论这个非常重要的问题。

第二，我们必须考虑在每种情况下衡量的是哪种类型的回报，以及这种方法是否在我们所选择的所有资产类型中被一致使用。例如，这可能是上市股票回报的一个特殊问题。你是只看考虑了名义资本利得和损失，却没有考虑收入的指数，还是只看考虑了股息的某种类型的总回报呢？即便如此，你是假设对股息进行再投资，还是假设股息只是一次性的现金流呢？不论是哪种情况，你都需要确定你是在比较两个苹果。例如，如果你是在比较某种上市股票的总回报指标与房地产指标，那么你需要确定就后者而言，你考虑了房产价值和租金收益。

正如我们已经看到的，一些资产类型实际上根本无法获得年回报，私募股权和基础设施就是很好的例子。显然，为了与那些可能不太了解另类资产的同事就某种工作安排达成一致，就必须做出妥协。

可能会出现一种非常有趣的情况。例如，在被告知年回报对私募股权基金的作用有限的时候，人们仍然坚持使用年回报（不管它值多少钱，都可以从行业数据提供商那里获得），结果却发现，基于夏普比率（经波动性调整），私募股权基金看起来极具吸引力，风险也比上市股票"低得多"。当面对这种明显的异常现象时，人们要么以"数据明显有问题"为由完全拒绝考虑私募股权，要么以同样的理由简单地更改数据，以表示自己的看法和偏见。

当然，我们可以认为，对长期投资者真正重要的回报是复合回报，因为它是基于实际现金流计算的，并且考虑了货币的时间价值。因此，类似内部收益率的计算也应该在你的"调色板"上。但是要注意，有必要对购买和卖出的时间以及买卖之间的持有期限做一些假设。同样，这里的关键是一致性。确保对每种资产类型采用相同的时间周期，并且在这个过程中尝试一些不同的假设。

标准差和夏普比率

无论我们多么不同意"波动即风险"这一观点，我们都必须接受以下两点：第一，大多数投资者并非不同意这种观点；第二，历史波动率无疑是我们仪表上的一个有用的刻度盘。因此，在选择了回报数据的时间序列并计算出平均值之后，我们现在就可以计算出这些回报的标准差了。

我们可以用它来计算夏普比率。计算夏普比率有一个经典且简单的公式，尽管被广泛地应用，但它还是经常被计算错误。它的基本目的是用一个时间序列的回报数据的平均值除以其标准差，即：

$$\frac{\text{平均回报}}{\text{回报的标准差}}$$

我们经常用 r 表示回报，用希腊字母 σ 表示标准差，即：

$$\frac{r}{\sigma r}$$

因此，很多投资者草率地进行了这样的计算，但这并不正确。夏普比率并不适用于产生的总回报，而只适用于额外回报。额外回报被定义为实际获得的回报与同期可能获得的无风险回报率之间的差额。尽管政府信用评级普遍下调，但是短期债券利率仍被作为衡量无风险回报的指标，这可能主要是因为每个人都对夏普比率有着强烈的感情，以至于没有人愿意承认即使它曾经存在过，但它最基本的要求（即无风险回报）几乎肯定已不复存在。

因此，除了正在考虑的无论何种资产类型已经获得的回报之外，我们还需要追踪无风险回报，并在每个时间单位（如果使用年回报，则为每个自然年）从前者中减去后者，得出我们的资产类型产生的额外回报，然后我们需要像对总回报所做的那样，对这一系列数据进行同样的均值和标准差计算。如果我们用前者除以后者，就得到了夏普比率的结果，即：

$$\frac{ra-rf}{\sigma(ra-rf)}$$

其中，*ra* 是该资产类型产生的回报，*rf* 是无风险回报率，因此 *ra* 减去 *rf* 就是该资产类型的额外回报。

仅仅因为夏普比率可能不再是纯粹的智力指标，并不意味着它就不是一个有价值的指标；相反，它是。但要记住的重要一点是，它只是若干个指标中的一个，而不是像很多投资者认为的那样，是驱动你做出决策的唯一正确答案。首先，它真正衡量的是相对波动性。读到这里，你应该知道，对于一些投资者而言，波动性要么在很大程度上无关紧要，要么是一个值得寻找的有吸引力的特征。

但是，要正确地对待它，就像对待仪表上的一个刻度盘一样，将它与其他因素结合起来看，这样它就会成为一个有价值的过滤机制。例如，如果一种资产类型既显示出较低的平均回报，又显示出较低的夏普比率，这至少应该让我们想一想如何证明它在我们的投资组合中占有一席之地。

作为一个经验法则，夏普比率高于 0.5 的任何投资都值得认真对待，但夏普比率越接近零，甚至跌至零以下，就越有必要提出更多的疑问。

经验丰富的投资者会意识到，其他指标也常常被普遍用于分析目的，最著名的就是特雷诺比率（Treynor ratio），它考察的是一个给定的投资组合相对于其 β 系数或者系统性风险的额外回报。不过，它只能应用于由类似证券构成的投资组合，因此，尽管它可以用于评级，但它对于资产配置的目的是无用的。

更有用的是索提诺比率（Sortino ratio），它可以与夏普比率一起作为附加的指导原则直接使用。索提诺比率与夏普比率受到同样的限制（即基于波动性），但它有一个重要的区别，它只关注下跌风险，无论是绝对下行（低于零），还是（有趣且有用的）相对下行（低于预先设定的目标回报）。遗憾的是，它使用了一种名为半离差（semideviation）的更复杂的方差衡量指标，而半离差无法通过标准的 Excel 函数计算。索提诺比率的结果可以使用专业的金融插件程序来计算，或者作为专业投资组合优化程序的一部分。

如果你没有索提诺比率可用，甚至不完全了解它是什么，请不要担心。上面只是为了完整起见才提到它，从现在开始，我们将只考虑夏普比率。

相关性

我们现在已经拥有了传统的二维金融观中的多种元素，尽管我们可以拥有大多数投资者都不习惯于处理的更多的、计算更正确的元素。然而，这仅仅是故事的一部分，我们现在必须运用相关性的第三个维度。

有人认为，到目前为止所做的回报分析是用垂直列表示的，最后一列是平均回报、标准差和夏普比率得分。显然，在每列的顶部将是我们正在考察的回报指标的名称。

现在让我们采用这些描述，并将它们垂直地复制到夏普比率线下面的页面上。这将创建一个矩阵，在这个矩阵上，我们可以绘制每种资产类型的回报与其他资产类型的回报的相关性。例如，假设一列代表 MSCI 世界指数（MSCI World）。如果向下找到 MSCI 世界指数现在出现的地方并将其作为一个水平线上的第一个单元格，每次搞清楚一个单元，我们就能够计算 MSCI 世界指数与其他回报指标之间的相关性，除了当我们发现自己垂直地在 MSCI 世界指数之下以外（在这种情况下，我们把那个单元格留作空白）。

通过运用 Excel 关联函数可以做到这些，首先剪切和粘贴 MSCI 数据系列，然后剪切和粘贴目标可比数据系列。非常重要的一点是，要确保比较的是完全相同的周期。例如，如果是一个只有过去 10 年数据的回报系列，就必须确保只将它与过去 10 年的 MSCI 数据进行比较。

构建我们的投资组合

既然已经在调色板上列出了需要的颜色，我们就可以开始将它们混合在一起来画画了。被称为优化器（optimisers）的专业计算机程序将为你完成这个工作，稍后将分别介绍它们，但是让我们先来了解一下如何执行这个过程。

在开始之前，需要注意的最重要的事情是，资产配置过程首先需要开放的思想，并且愿意考虑很多不同的资产类型。当然，我们还必须商定目标回报率和投资期限。如果没有，那么资产配置（至少是所谓的）就根本不可能实现，而且相关的讨论将采取“我们的债券 / 股票组合应该是什么”的形式。

顺便说一句，在这个阶段值得注意的是，有些学派完全不考虑资产类型，至少不考虑它们是什么以及它们被称为什么，而只是关注它们在特定风险因素或者敞口下可能会如何表现。然而，由于人们仍然将这视为一个新的专业领域，本书

第 10 章将对此进行介绍。

现在，我们可以开始将调色板上列出的各种资产类型混合在一起了。这绝对是一门艺术，而不是一门科学，因为有无限的可能组合。不过，如果你采用适当的多资产类型方法，并且只考虑配置任何一种重要的资产类型（假设这意味着至少 10%），你就可以严格地限制组合的数量。对于每种组合，你会注意到所建议的平均回报和波动性。通过寻找那些相关性较低的回报，你会发现提高平均回报和降低波动性都更容易。

如上所述，有一些被称为“优化器”的专业计算机程序可以为你做这些事，它们可以起到辅助作用。然而，人们没有恰当地理解这些程序存在的一些限制；恰恰相反，由于这些程序的模型和结果几乎都是虚构的，其假设和方法从未受到质疑，因为人们认为一台计算机和操作它的顾问一定最了解情况。

事实上，优化器会受到很多制约因素的影响。第一，也是最重要的是，它们基于过去的数据进行操作，因此假设过去的回报将是未来表现的一个良好指引，而由人组成的团队在经过研究和讨论之后可能得出这样的结论，即在预测未来回报方面需要进行一些修正，无论是对有限的一段时期还是普遍情况。

第二，正如我们所看到的，对某些资产类型而言，年回报并不是一个真正有效的指标。人类能够理解这一点，以及未来现金流可能的延展模式，并在评估资产类型时进行主观判断，而计算机则不能。同样，这是资产配置过程中的一个局限，是苛刻的周期性回报强加给我们的。至少人们可以使用假设的现金流来合理地计算内部收益率，而这并不是优化器程序的一部分。

最后，也是最重要的一点是，优化器只是 Excel 中单变量求解功能的一个美化版。它只能在其创建者设定的范围内工作。所以，你需要检查优化器是否被设置为完全忽略了某些资产类型，或者只考虑对某些资产类型进行了无足轻重的配置。

这个过程将产生什么，是否使用优化器，这是很多可能的投资组合的简短列表，所有这些似乎都提供了类似在可接受的波动性水平上所要求的目标回报率（对于传统主义者）以及一个可接受的系统性分散投资的水平（对于现代主义者）。现在的讨论需要转向在每种组合中的特定资产类型。

在资产类型之间抉择

仅仅因为某种特定的资产类型在名义投资组合中与其他资产混合后表现良好，并不意味着它就是个人投资者所希望拥有的资产类型。

在这里，我们需要回顾一下 SWOT 分析的结果。组织是否具备适当考虑特定资产类型所需的专业知识？如果这是一种需要运用多位管理人的资产类型，其中一些管理人筹集的资金可能是被限制进入的，和 / 或对于这些资金可能存在供不应求的局面，那么组织是否需要具备必要的决策速度和灵活性，以便捕捉到最佳的机会？组织是否面临某些监管约束，使其即便希望投资这种资产类型也很难甚至不可能进行投资？存在多大程度的头条风险（如果出现问题，可能会被媒体曝光）？组织认为这种风险是可接受的吗？

人们希望这些问题早已在组织最初的战略分析时就被发现，但是把特定的资产类型列在纸上作为潜在的配置对象，将使争论聚焦于继续推进它们是否有意义的问题上，或许人们是否可以以某种方式而不是另一种方式前进。

这是因为对于不同的资产类型，我们可以通过多种方式来获得它们，我们很快就会讨论这个问题。简而言之，这可以归结为一场关于主动投资与被动投资的辩论。主动投资需要任命不同的管理人，而被动投资则不需要。因此，那些声称“执行在战略过程中没什么作用”的人是错误的。有些资产类型只能以某种特定方式获得。组织是否为这种特定的获得方式做好了充分的准备，这是一个值得探讨的问题，因为它可能代表着优势或者劣势，视答案而定。

另一个需要牢记的因素是组织本身的敞口。如果组织在负债和 / 或收入方面面临某种类型的风险，那么在选择投资时将这种风险提高一倍（甚至三倍）是没有意义的。有些投资者比其他人更善于发现这一点，并采取了适当的行动。一些油气资源丰富的国家的主权财富基金会回避投资能源行业，而各种社会保险或者养老储备基金几乎完全持有本国政府债券。

关于长期投资组合需要注意的事项

我们已经在第 4 章中指出，有强有力的证据证明在一个长期投资组合中，流动性充其量是无关紧要的，在最糟糕的情况下，它是一个积极的劣势，而波动性实际上是值得寻找的好东西，因为任何长期投资者都应该进行再平衡（详见下文）。然而，这是一个非常难以论证的观点，甚至可能是一个有害的观点，因为对于一个古板的传统主义者而言，它会让人怀疑提出这一观点的人的可信度。尤其是养老金顾问和监管者，他们的行事方式似乎更像是西班牙宗教法庭的负责人，这些人以铲除危险的异端学说为傲。很多投资者，尤其是公共部门的投资者，可能会被比作那些顺从的统治者，他们乐于让宗教法庭在他们的国家内部运行，满足于即刻铲除那些可能最终会威胁他们地位的异议。

因此，当向投资者提出资产配置的想法时，这个过程很像某种政治把戏。至少，必须口头承认波动性和风险在某种程度上是一回事。而经验表明，根本不值得为那些表现出高波动性和 / 或低夏普比率的资产说好话。

幸运的是，通常有很多其他资产类型不存在这样的问题。遗憾的是，它们往往成了一种被称为证实偏差的东西的牺牲品。证实偏差使人们期望或者寻找数据，来证实他们已有的信念。因此，当他们认为“有风险”的资产的夏普比率出乎意料地低时，他们通常的反应是要么对它置之不理，要么改变它（因为它不可能是正确的）。

流动性通常不是什么大问题，如果只是因为组成一个不涉及高流动性的投资组合非常困难的话。通常会出现某些类型的上市股票的敞口，而且很多资产类型的敞口可能会通过交易所交易基金或者通过其他上市工具（比如房地产投资信托基金）出现，当然，所有这些工具都是具有流动性的。事实上，如果一个人有这样的倾向，就有可能建立一个完全由流动性投资组成的多资产投资组合。

执行你选择的投资组合

正如我们很快将要看到的，对于很多资产类型而言，执行将涉及你是否就满足于资产类型本身的回报做出一个基础的决定（这对所有人而言都必然是相同的），或是另寻其他的投资。后者需要你聘请一个内部专家团队和 / 或任命多位外部管理人，而前者则不需要这样做。然而，由于我们将在第 9 章详细讨论这一点，现在让我们点到为止，然后继续前进。

管理人选择本身就是一个话题，它本身就值得写成一本书。简而言之，好的建议是超出数学范畴，思考“软”问题，比如人的素质、团队的动力以及它们所处的环境等。

当管理人在一个领域（比如上市股票）进行操作时，有大量的方法可供选择。而这些方法号称既可以显示在管理人的回报中，有多少来自市场本身，而不是个人选股，也可以分析管理人在何种程度上对后者与前者进行了比较，并考察他们在任何时候选择全部或者部分不投资（即持有现金）的影响。这些都是仪表上有价值的刻度盘，是在选择过程中的有用工具。然而，你不应该允许它们无视那些无法从历史数据中计算出来的东西。第一，有一种来自学术研究和实践经验的有力证据证明，如果一位关键的投资经理离职，那些表现优异的投资经理的回报率就会下降；第二，可能存在这样一个自然的周期，即好业绩会吸引更多资本，然后投资经理会努力让大资产组合、小资产组合都实现相同的业绩，于是导致资本流出、业绩表现好转等。请注意，以上两点都没有被作为严格的规则提出。事实上，在投资方面几乎没什么严格的规则。然而，在审视可得数据时应该考虑这些不同的可能性。

对于上市股票等流动资产的管理人而言，传统的回报分析指标的效果往往相对较好，而且他们的聘用条款使得变更管理人相对容易。这里的“相对”是指相对于流动性较差的资产的管理人而言，最极端的例子是私募股权、基础设施、林业和农业等资产，对于这些资产而言，持续投资和基金条款的结合可能使变更管理人在实际操作中几乎不可能实现。在这种情况下，可能不得不采取二次出售基金权益的方式。

因此，在任命这类管理人时应该特别谨慎。业绩记录是影响因素中的一个重要部分，但只是其中的一部分。团队的投资模型应该被彻底测试，对关键成员应进行谨慎且深入的尽职调查，并充分考虑团队的动力。投资者最大的担忧是团队可能会分裂，因此薪酬安排等事项应该完全透明。同样，不可能提出任何严格的规则。但人性使然，一个有着大致相同的薪酬安排的紧密团队分裂的可能性，低于由一两位强势的人管理的等级森严的团队。然而，即使这一点也是人们战战兢兢地提出的，因为这里有一些非常明显的意外（在这两种情况下都有意外）。

无论在什么情况下，人们都面临着进入一段长期关系，在这种关系中，互相信任和尊重将是必不可少的。就像在个人生活中进入这样一种关系一样，人们不应该轻易做出决定。在组织必须诚实面对自己是否真的有足够的时间和专业知识来承担一项任务的情况下，这是最关键的。

顺便说一句，如果一个组织没有必要的时间和专业知识来适当地完成这项工作，那么顾问就是一种宝贵的资源。一般来说，如果可以，人们应该选择一位专家型顾问，而不是一位通才。在某些领域，人们可能还会考虑更深入的做法，比如设立守门人、管理账户或者 FOF 管理人等。

管理你的投资组合

监控你个人的管理人关系是有必要的。这需要与他们定期会面，但要确保尽可能按照你的方式而不是他们的方式进行。通过对他们的投资和撤资的审查，你会发现某些问题，要确保以适当的方式处理这些问题，而最佳方式就是由你来起草会议议程，并提前发送给管理人，以便他们能够准备相关材料。

你要非常清楚，你希望管理人在你的投资计划中做些什么。如果你希望他们的表现好过市场，那么原则上，如果他们在任何特定时期表现不佳，你不能责怪他们，因为他们做的正是你要求他们做的事情，即在选择具体投资时做出他们自己的判断，而这很可能引入了比其他情况下更大的波动性。然而，如果表现不佳的情况被证明是严重或者持久的，那么你可能有正当的理由担心，至少你会想要详细地探讨这些损失是如何发生的以及为什么会发生。

就资产配置本身而言，你可以采用以下三种方法中的一种。

第一种方法是，你可以将各种配置设定为货币金额，传统上，很多资产配置是以这种方式进行的。如果你是内部团队的一员，你可能会被告知，你有数百万美元可以投入你自己擅长的资产类型。这样做的劣势是显而易见的。首先，当你盈利或者亏损时，投资金额会上升或者下降。其次，因为它没有按照总金额的百分比来设定，所以你也许会发现董事会或者委员会时不时地突然改变所能提供的金额。在某些领域，比如私募股权，资金需要花费很长时间才能投入使用，而且按时间进行分散投资是必不可少的，这可能带来严重的实际困难。

第二种方法，也是一个更好的选择，就是运用再平衡的技术。最简单的形式是，你和管理人每年聚在一起一两次，看看相关联的资产类型是如何相对上涨或者下跌的，并通过适当地买卖使它们恢复平衡。注意，当人们采用被动投资方法，以寻求整体上对资产类型的广泛覆盖，而不是在特定个体上寻求敞口时，这种技术最有效。

不太理想的情况是，某些资产类型既具有流动性又具有波动性，而其他资产类型（比如私募股权投资、基础设施、林业和农业等）受股票市场波动的影响较少，也不太容易变现。如果股票价格突然崩溃，那么当投资者可能发觉自己处在噩梦般的情况时，他们不得不匆忙出售非流动资产，以极大的困难和损失实现再平衡时却发现股票市场在短期内上涨了。他们现在面对的是试图逆转这个过程，并恢复自己最初的敞口这项不可能完成的任务。

出于这个原因，大多数持有非流动资产的成熟投资者都会运用某种“领子”机制，该机制允许不同的资产类型在占整体资产一定的百分比范围内波动。这使得再平衡能够以一种更合理和可控的方式进行。

无论采用何种精确技术，支持再平衡的理由都是压倒性的，至少对于那些能够选择何时卖出的长期投资者而言是这样的。在再平衡的过程中，波动性变成了朋友而不是敌人，迫使投资者做正确的事情（低买高卖）。简单的算术可以证明，如果各种资产的价格在同一水平开始和结束，而投资者随着价格的上涨和下跌进行再平衡，就完全可以从这些市场波动中获利。

然而，投资者还有第三种方法可以选择，即采用所谓的趋势跟踪技术。这通常是再平衡的一种替代技术。简而言之，再平衡有效地包含了波动性，而趋势跟踪则以传统的“波动性即风险”学派惯常的怀疑态度对待波动性，并寻求将波动性对相关投资组合的影响最小化。

大多数投资者都能达成共识的观点不多，其中之一是，很多资产的价格似乎都是周期性地上下波动。我们已经注意到，自 20 世纪 90 年代以来，这种影响在股市的价格水平上看起来是多么明显。不希望让人怀疑，但事实可能是，如今活跃在股市的大多数投资者都是在过去几十年才开始他们的投资生涯的，而且主要投资于上市股票，这使他们普遍接受了这个核心前提。然而，不可否认的是，很多采用了趋势跟踪方法的管理人在相当长的时期内都已经获得了很好的业绩。

然而，需要提出一个重要的警告。我们在这里描述的“趋势跟踪”方法是投资者在资产配置层面采用的，并不是进行趋势跟踪的管理人所采用的那种“趋势跟踪”。后者有时被称为“宏观”管理人，他们通过寻求利用金融和经济趋势获利，往往是在非常短期的基础上操作，而前者寻求在长期的基础上跟踪单个资产类型的升降波动。

这个理论易于掌握和实施。比如，有五种资产类型，其中包括一种违约“规避风险”或者“无风险”资产类型，也就是通常所说的信用等级高的政府债券。每种资产类型都有指定的最高配置水平。投资者将把每只股票的当前市场价格与移动平均线进行对比。当价格跌至移动平均线以下时，投资者就会卖出，因为他们认为这标志着“下跌”周期的开始；当价格回到移动平均线以上时，投资者就会买入，因为他们认为这标志着“上涨”周期的开始。

这里唯一的变量是移动平均线应该是多长时间的，投资者是否总是“全进”或者“全出”，还是采用了更具阶段性的方法。

支持趋势跟踪的论点是，它可以大大降低投资组合所表现出的波动性，同时提供相同或者更好的回报。这种论点对于那些信奉“波动即风险”的人以及那些对风险有着同样人为观点的投资者（比如他们资产的实际市场价格可能相对于它们负债的假定净现值变动的可能性）都是有说服力的。这并不是想要贬低趋势跟踪这种技术。对很多投资者而言，波动性很重要，因此任何可能降低波动性的行为都必须被视为有益的。尤其是它可能有助于一些投资者比在其他情况下更有效地投资中短期资本。

对于波动性持更为成熟观点的长期投资者而言，这种观点则不那么清晰。如果波动性被视为一种回报来源，那么寻求限制而不是利用它真的有意义吗？一位趋势跟踪者会争辩说，他们所有的方法都是试图降低下跌的波动性，同时仍然保持上涨的波动性。然而，他们放弃的是在价格下跌时继续买入（而不是卖出）的能力，因此能够在适当的时候从长得多的上涨过程中获利。只要一个人是真正的长期投资者，而且真的能够选择何时卖出，而不是被迫卖出，那么将再平衡视为“免费午餐”的古老观点就会有相当大的说服力。

至少对长期投资者而言，趋势跟踪方法存在另外两个可能的问题：第一，所选择的一些资产类型并不具备特别强烈的追求回报的特征，公司债券就是一个例子；第二，特别是在市场动荡时期，投资者可以花很长时间“规避风险”，他们会守着政府债券，要么什么都不做，要么（在本书写作时）蒙受实际的损失。

INTELLIGENT INVESTING 第 9 章

如何使用资产类型：选择被动型管理人和主动型管理人

在选择资产类型时，你需要问以下几个问题：这种资产类型有一个可接受的β吗？如果有，它是否值得投资？如果有，我如何才能最有效地获得它？如果没有，我是否愿意将这种资产类型加入我的投资组合（我知道我需要选择不同的主动型管理人才能做到这一点）？如果我愿意这样做，那么我该如何做呢？

如果你决定这样做，那么就请记住“人 + 过程 = 业绩”这个公式，并仔细审视这三个元素。

被动投资与主动投资

我们已经看到，传统金融理论是如何将投资于任何特定资产的风险分为两部分的。特定风险是投资于单个资产的风险，以可口可乐的股票为例，特定风险是这种特定工具价格的涨跌方式。在实践中会稍微复杂一些，因为我们还要考虑它产生的股息收入，但我们要故意简化一些，因为这将更容易说明这一点。

可口可乐公司也是某种资产类型的一员，这是一组具有共同特征的相似资产，而且可能常常在同一股票交易所上市交易。同样，在实践中，情况将比这更复杂，因为可口可乐公司可能是不同群体的一员，包括美国最大的100家公司、美国最大的500家公司、世界上最大的若干家公司以及在同一行业的跨国公司。然而，让我们再次把事情简单化，假设可口可乐公司只是一个重要群体的一员，这个重要群体就是道琼斯工业平均指数，也被称为道琼斯指数或者通常简称为“道指”。它是美国30家大型上市公司的加权指数，这些上市公司的股票大多数都在纽约证券交易所上市。

因此，正如可口可乐的股价涨跌一样，道琼斯指数也有涨跌，或者用更准确的金融术语来说是“它（可口可乐）构成市场投资组合的一部分”。可口可乐的涨跌程度是我们所说的特定风险，道琼斯指数的涨跌程度则是系统性风险或者市场风险，也就是我们之前在书中提到过的 β 系数。

金融理论称，系统性风险（市场风险）总是资产总风险的一部分，因此：

可口可乐股票的总风险 = 道琼斯指数的市场风险 + 可口可乐股票的特定风险

如果道琼斯指数上涨，它将有提高其所有成份股的价格的效果。它这样做的方式通常被称为“市场情绪”，而市场情绪反过来又可能受到诸如经济指标、政治动态和显而易见的情感因素（比如普遍存在的恐惧和贪婪之间的平衡以及自我感觉良好因素等）的驱动。

然而，如果我们选择投资像可口可乐这样的个股，那么仅仅考虑道琼斯指数的涨跌方式是不够的，我们也需要考察它的各种成份股的表现。换句话说，我们需要考虑像可口可乐这样的个股如何独立于整个市场的涨跌。这更难评估，因为这种涨跌会受到两种不同类型的影响因素的驱动。

第一个因素是我们刚刚研究过的影响整个市场的那组因素。某些企业被视为对某些问题的敏感程度高于或者低于整个市场的平均水平，这种个股的涨跌幅度高于或者低于市场投资组合（比如在资本资产定价模型中）的趋势有时被称为它们的个股 β 系数。

这显然是一个不恰当的措辞，因为它不可避免地引起了与市场风险这一概念的混淆，正如我们已经知道的，市场风险也被称为 β 系数。官方的解释是市场的 β 系数为 1（理论上，在同一时间，上涨或者下跌的幅度与市场完全相同的任何股票的 β 系数也为 1），而特定股票的 β 系数通常会高于或者低于 1，这太过清晰地显示了很多人将金融仅仅视为应用数学的一个分支。

除了对术语的选择不当之外，关于资本资产定价模型，我们还有很多可以批评的地方，尤其是它所依赖的各种假设。然而，我们需要真正注意的一件事是，市场行为和个股行为之间的这些差异不仅是由它们对同样的外部因素做出反应的不同方式所导致的，也是由公司内部的一次性事件所导致的，比如盈利预警、关键高管离职或者重大的资本市场交易。由于这些都是一次性的、无法预测的事件，因此根据定义，它们无法被纳入对历史数据的直接分析，而这种分析是计算资本资产定价模型的 β 系数的唯一方式。

我们已经指出了资本资产定价模型中一些固有的缺陷，然而我们不应该允许这些缺陷使我们对以下事实视而不见，即市场风险和特定风险（尽管我们可以查询当我们在使用“风险”一词时，我们谈论的究竟是什么）的总体概念从根本上是合理的。例如，在我们使用过的例子中，实际上我们可以选择：（1）是否购买可口可乐公司的股票，或购买其他一些选定的公司的股票；（2）只选择购买道琼斯指数（我们可以通过持有指数来追踪基金）。第一种方法我们可以称之为选股，使用这种方法时，我们有总风险；第二种方法我们可以称之为指数投资，使用这种方法时，我们只有市场风险或者系统性风险。这两种方法分别被称为主动投资和被动投资。

关于主动还是被动的大争论

这两种方法有多么不同，“指数投资者”和“选股者”之间的持续争论有多么激烈，怎么说都不为过。从表面上看，选择似乎是显而易见的。如果必须要么满足于 β（被动投资的目标），要么追求更高的回报（选股的目的），谁不喜欢更高的回报呢？顺便说一句，冒着把你彻底弄糊涂的风险，β 回报与主动型管理人所能赚取的回报之间的差额被称为 α 回报。[①]

答案是 α 不一定是正数。它只能保证产生一个与 β 不同的总回报。因此，尽管你的回报可能确实高于指数基金的 β 回报，但你也可能同样业绩不佳。在由管理人选择股票投资组合的情况下，我们可以将这称为“管理人风险”。α 回报和管理人风险是同一枚硬币的两面。

---

① 对于纯粹主义者而言，这有些简化了，因为回报差异可能受到不同因素的驱动，成熟的投资者会尝试通过更深入的分析来考察这些个别因素。

就连“同样”一词也可能会产生误导。实际上，你业绩不佳的可能性比业绩出色的可能性要略微大一些。主动型管理人的收费远高于被动型管理人，因此，他们的业绩首先要比被动型管理人至少高一倍，其收费差距才能与被动型管理人扣除费用后的业绩相匹配。

每个专业投资者都愿意从内心相信，灵感和专业知识都可以使投资回报产生真正的差异，当然，也有一些主动管理人经常会跑赢市场。然而，一旦你开始探索他们是否在很长一段时间内和相同的团队，运用相同的战略一直这样做，事情就变得不那么清晰了。

无疑，逻辑与你是对立的，正如伟大的金融学者威廉·福塞斯·夏普（William Forsyth Sharpe）的例子所展示的那样。他说，想象一下，你把所有主动的股票投资者召集到一个房间里，锁上房门，要求他们全天相互交易。由于投资是一个零和游戏（对于每位赚钱的名义投资者而言，必然有另一位名义投资者发生相应的损失），在一天结束时，整体的净收益为零，但从逻辑上说，大约一半的投资者已经赚钱了，大约一半的投资者已经亏损了。现在，把那些亏损的投资者打发走，但请成功的投资者第二天再来，并在他们之间重复这个过程。

相当明显的是，每过一天，就会有另外一半的投资者被淘汰，所以五天后，投资者的数量将只剩下原来总数的 3% 左右。夏普认为，这最终证明，任何单独的主动型管理人都不太可能在一段时间内持续跑赢市场。

然而，在实践中，有两件事会阻碍主动投资的消亡。第一，不管夏普的逻辑如何让人难以接受，总会有一些人坚持认为，在某个地方一定有一位能够猜透市场的管理人。第二，正如我们将要看到的，在一些投资领域中，被动方法要么不合适，要么是完全不可能的。

鉴于本书侧重的是提供建议而不是洞见，我更喜欢的一种方法是尽可能地回避管理人风险来应对这种风险，本章的下一部分将对此进行解释。

如何在被动投资与主动投资之间做出选择

作为 SWOT 分析的一部分（已经在第 5 章介绍过），大多数投资者应该已经得出结论，他们每年让投资管理人面对他们的决策者的时间是有限的。假设是由委员会或者小组委员会（他们并不是日常投资团队的一部分）来做出所有管理人的任命决定（遗憾的是，这已经成为委员会或小组委员会的典型模式），即使他们不要求在任命前与每位管理人会面（很多人都会要求会面），他们也可能会要求每年至少召开一次监督会议。而如果他们觉得有担忧的理由（比如最近一个季度的回报略低于某些武断的基准），他们就会要求更多的会面。

大多数读者都会承认自己所在的组织符合这个描述，但是即使你是该模式并不适用的世界上相对少数的投资者之一，你仍会找到感兴趣的部分，因为即使是一个拥有自主决策能力的投资团队，其可用的时间也是有限的，明智之举只能是寻求尽可能高效地利用这些时间。

显然，被动投资比主动投资需要更少的时间和其他资源。毕竟，被动型管理人对于自己能投资什么没有自由决定权。他们必须尽可能地复制指定的一篮子资产，这使得讨论他们为什么选择特定资产的会议变得无关紧要。在分析被动型管理人的业绩时，需要考虑的是追踪偏差（他们的业绩偏离所选择的 β 的程度）以及他们相对于现有竞争对手的总成本。因此有强有力的证据表明，对任何选择的资产类型而言都有一个可接受的 β，那么至少认真地考虑接受它是有意义的，不存在此类 β 的资产类型可以为你节省可用的时间。

什么是可接受的 β

你需要问三个主要问题。第一个问题是，β 是否提供了至少符合你目标回报率的过往净成本回报率？当然，过去不一定能反映未来，但是过往的回报率水平是一个有价值的指标，不论是平均年回报率还是（更有用的）复合回报率，亏损至少应该让你有所警觉——为什么你会觉得这种资产类型如此令人兴奋。例如，某一特定市场或者技术是否发生了某种结构性变化，这可能意味着未来的回报可能会出现显著差异吗？如果没有，那么你最好尝试另一种资产类型。

第二个问题是，β具有代表性吗？它真的衡量了资产类型的整体表现吗？你需要考虑三点：（1）它衡量的是所有的资产吗？（2）所有这些是否代表了资产（这是一个与前者不同的问题，尽管听起来类似）？（3）它真的代表了资产类型吗？

前两个要素的一个例子可能是各种对冲基金指数。这些指数无疑衡量了大量的对冲基金，但共同点是它们并不包括所有的对冲基金。这里的答案可能是常识性的，即只要选择的范围足够大，这可能就无关紧要了。然而，这些主要指数并非直接“可投资”的，因为这样做会涉及在无限多的基金中持有无限少的权益。为了做到这一点，构成指数的基金数量被大幅减少到一个相对较小的样本，以创建一个可投资的指数，它是这些主要基金的小兄弟。要证明这是一个真正有代表性的β就困难得多了。

第三个问题是，β的提供实际上与所选定的β没有太大关系。这似乎是一种荒谬的情况，但是一个现实生活中的例子应该足以说明它。

很多投资者都选择通过基础设施ETF来规避投资基础设施的风险，这似乎是一个非常明智的做法。“明智”的意思是，直到你打开盖子并检查箱子里有什么，你才会发现你在寻找的不是基础设施项目的敞口，而是一些在石油、天然气、发电以及自来水等领域运营的上市公司。换句话说，你其实并没有接触承担此类项目并产生相当可预测现金流的私人载体（通常是合伙企业），而是买入了大量的上市股票的β，而这几乎肯定是你从一开始就在试图分散投资的对象。

对冲基金指数还表明了可投资性的问题，这就是我们上面提到的第三个问题。请注意，很多时候提供给你的并不是β本身，而是那些表示它的替代方式。现在，这类覆盖大部分都是“合成的”，包括对选定指数的衍生工具（通常是一种总回报互换）。这反过来又提出了进一步的疑问，即该衍生工具是否已被交易所清算（因此，交易所成了最后的对手方而不是发行者），以及负展期收益（当某些类型的衍生工具以价外的到期状态不断地更新成本）可能在多大程度上影响回报。公平地说，后一个问题几乎很少出现在最新类型的总回报互换中。

如果你能肯定地回答以上三个问题，你就应该充分利用被动投资带来的各种优势。事实上，你可以像一些投资者那样，通过拥有一位β管理人（其工作就像它的名字所显示的那样，只是为你提供你指定的任何资产类型的β覆盖范围），来进一步集中你的管理人的覆盖范围。如果你采用的是趋势跟踪法或者管理波动性的方法，那么这种方法可能会特别有效，我们将在下文讨论。同样，这里要注意的事情我们已经讨论过了。你要确保提供的β既具有代表性又可投资，而且管理人这样做的成本并非不合理。

如果你决定不走这条路线，那么ETF的增长会让你有可能以相对较低的成本（尽管在每种情况下都需要考虑一下，因为一些ETF似乎有不合理的高收费）获得这种覆盖范围。尤其是这已经改变了普通散户投资者的处境，此前他们被多种资产类型拒之门外。

所能节省的时间和资源都是难以夸大的。例如，一些投资者可能会从多达20位不同的管理人减少至只有一位。目前，一些投资者仅在固定收益领域就有四五位管理人，这似乎特别不合逻辑，因为任何可能获得的α的绝对值都非常小，因此几乎不值得追逐。

顺便说一句，如果你愿意的话，ETF等工具还可以让你的上市股票项目变得更加复杂和专业化。它们能让你对某些行业和地域有过多或者过少的了解，也能让你了解到你可能没有直接知识或者经验的地方。构建一个由新兴市场股票组成的主动投资组合是一项艰巨而复杂的工作，但另一方面，买入一只MSCI新兴市场ETF就不会这样了。

不过，在我们被ETF所提供的优势冲昏头脑之前，我们应该注意它们对很多投资者而言有一个非常大的劣势，那就是这些投资者的负债并不以美元计价。绝大多数ETF都以美元为基础，几乎没有一种是以英镑为基础的。在此，我们仅举一个例子。在撰写本书时，不可能通过英镑ETF获得德国DAX指数（Deutscher Aktien Index）[①]的敞口。因此，在很多情况下，在不发生明显的汇率风险的情况下，不可能通过一只ETF获得你想要的资产类型。

在某些情况下，这并没有太大的破坏性，因为基础资产类型在任何情况下都是以美元来衡量的。黄金和原油是明显的例子，美元风险在任何情况下都将存在，无论你特定的投资载体或者工具使用何种货币。在其他情况下，ETF本身也提供了一种对冲货币负债的方式，比如通过做多英镑/做空美元的ETF。不过，这显然包含了一种能够影响你回报的潜在成本，尤其是在货币地位大致保持中性的情况下。

然而，正如我们已经看到的，由于不存在可接受的β系数，很多资产类型都不适于被动投资。我们稍后将会讨论这些资产类型可能是什么以及我们如何获得它们，但首先值得思考的是，我们是否应该采取这种行动方针。

这里有两个常识性的原则：（1）如果一件事情值得做，那就好好做，否则就干脆不做；（2）不要投资于你不懂的东西。尽管这两条原则经常被全世界的投资者无视或者忽视，但并不意味着它们就应该受到这样的对待。相反，它们是建立投资战略必不可少的基石。

当然，这两条原则是或可能是密切相关的，但我们要分别考虑它们。我们可以很快地做到这一点，因为它们符合我们已经讨论过的内容。

第一，正如我们已经看到的，投资者有一种很大的倾向，即只在一种资产类型上做少量配置，以及从一个不同的部门（由于一些原因，通常是从固定收益部门）调出人员来负责管理它。使情况更糟糕的是，这个人通常处于其职业生涯相对早期的阶段，因此可能知道一些美好的通用金融理论，但尚未有足够的实践经验来了解到这样的知识在实践中往往起不到很好的作用（至少在固定收益领域之

① 德国DAX指数是世界主要股票指数之一。

外）。实际上，在大多数情况下，如果投资者根本不冒险进入这种资产类型会更好，部分原因我们已经讨论过了。

第二，如果投资者决定对活跃的货币做出新的配置，就会存在专业知识的问题。当然，聘用专业管理人可以解决这个问题，因为他们具备进行这些投资所需要的专业知识。然而，如果你完全不了解资产类型，你就不知道在选择或者监控管理人时应该问哪些问题，你也无法保证你的计划能实现适当的分散投资。例如，你是否知道投资活跃货币有三种不同的技术，每种技术都有不同的方法或者都需要具备专业知识？

我自己的两个真实经历可以说明这一点。在一个案例中，一位投资者聘请了一位套利交易外汇管理人，后来抱怨套利交易似乎不是一种非常合适的方法。而在另一个案例中，一位投资者指定了一位可转换债券套利对冲基金管理人，显然没有任何一位受托人了解什么是套利、什么是对冲基金，以及什么是可转换债券。

在某种程度上，这些缺点可以通过使用外部顾问来解决，虽然这可能对通才型的养老基金顾问的帮助有限，因为他们似乎不愿意在自己认为是不寻常的领域和边缘领域任命高级专家。投资者可能会发现，任命管理人的人应该比管理人自己更了解其所处的整个行业，这是一个有用的一般性指导原则。管理人将对他们自己的方法和投资组合了如指掌，而任命他们的人应该对市场上所有的管理人、他们的业绩记录和团队动态，以及驱动业绩的所有因素有很好的了解。

因此，在β投资的广泛可用的日子里，任何投资者都没有必要持有任何的α敞口。在探讨是否开始进入一些迄今尚未被探索过的资产类型的丛林时，这一点应该牢记在心。

选择和监督主动型管理人

背景

在开始考虑某一特定领域的管理人之前，你应该确信自己有足够的背景知识来做出明智的决定。强烈建议你在与潜在的管理人会面之前就这样做。有资金要卖出的管理人和承销商制造了大量噪音。坦率地说，这可能会浪费你很多时间，而在这个早期阶段，你本应该更好地利用这些时间。无论如何，作为一位好的投资者，你应该积极主动，走出去寻找最好的管理人，而不是等他们来找你。

有很多方法可以做到这些。尽管行业回报数据库有缺陷，却是一个至关重要的资源。奇怪的是，很多投资者都准备对某种特定的资产类型做出配置，却不准备订阅相关的数据库。相对业绩事关重要，至少它为你的分析和讨论提供了一个起点。如果你不能获得这些数据，你就会处于非常不利的地位。

不要太过骄傲而不愿与在该领域活跃多年的其他投资者交谈。大多数时候，他们都会非常乐于分享自己的经验，甚至当时机成熟时，他们还会给管理人做一些介绍和推荐。不过，这最好在私下进行，而不是在投资研讨会的狂热气氛中进行。你应该能够在大约 20 次这样的会面中构建你的关系网，尤其是如果你已经在其他资产类型上有了一定的投资背景的话。

最后，在你开始与管理人和他们的筹款人接洽之前，要确保你已经考虑周全、讨论并建立了合适的系统来处理这些基金建议。例如，一旦你成了私募股权基金的潜在客户，你可能很快开始每年收到多达 500~1000 份的招股文件。显然，为每份文件都准备一份完整的说明并让你的委员会来考虑是完全不现实的，因此你需要想好你要做的事情。

管理人选择

当你选择任何类型的主动型管理人时，都需要考虑同样的问题，即人、过程和业绩。

当你投资一只基金时，你实际上就是在投资那些管理它的人。乍一看，这可能在私募股权或者基础设施等私人市场的情况下很明显，但是大量研究表明，即使在主动上市股票管理领域，当团队的一位重要成员离开后，业绩很可能会出现明显下滑。

因此，尽可能多地了解团队成员以及他们之间是如何互相影响的是非常重要的。不同团队的动态差异可能很大，这在从专制的命令结构到成熟的学院式环境都会存在。尽管有一些明显的例外，但是一般来说，大多数投资者都会对由几个人共同做出投资决定的合伙制方法感觉更舒适。但对此应该始终谨慎，因为在现实中，总是有一两个人拥有实际权力。不要依赖别人告诉你的信息，而是要尽可能多地从第三方那里收集信息（前同事可以是一个特别丰富的消息来源）。

众所周知，到目前为止，管理人际关系是我们每个人都要承担的最具挑战性的事情，所以团队发生分裂，甚至解体也就不足为奇了。因此，你应该在签约之前而不是在问题出现之后才来考虑这些问题。如果你的个人尽职调查做得足够好，你就能识别出哪些团队成员是管理人难以或缺的，并指定这些人作为适当的“关键人物”条款的一部分。这在长期基金的结构中尤为重要，这种结构往往出现在私募股权和基础设施等领域，但在对冲基金等工具中也同样有价值。至少，它们迫使问题浮出水面，而不是让它被敷衍了事甚至被忽视。

还有一些问题需要问，比如基金的经济收益在团队内部是如何分配的？谁参与管理费用和利润？如果存在与业绩相关的费用（比如附带权益等），谁能得到它，兑现时间是如何安排的？你会希望确保后一个元素在整个团队中都是共享的，因为你不希望任何人受到诱惑而离开，去别处碰碰运气。团队稳定是投资者最迫切的愿望。

遗憾的是，有的基金投资者甚至都没见过基金管理团队的所有关键成员，更不要说尝试与他们建立任何个人关系了。顺便说一句，这是“委员会文件投资决策”方法所面临的一个问题。这意味着那些做决策的人要么根本就没见过关键人物，要么可能只见过他们一次，而且会面时间很短暂。

团队的安排和行动应该让你对他们的专业性和严谨性有信心（或者相反）。谁做决策？投资委员会是如何组成的，又是如何运作的？在不同阶段进行交易的过程是什么？最后会有一个“完整性检查”吗？尽职调查是如何进行的？这些都是典型的问题，但毫无疑问，你还会想到很多其他的问题。

而其中的关键问题是交易是如何发起的，有多少比例的交易通过了这个过程的各个阶段，以及团队在建模和分析时使用了哪些参数。当然，这也反映在“人”的方面。在这个过程中，谁做了什么？是否有些团队成员在超负荷工作？或者是不是有些人做同样的事情太久，就有可能会因厌倦而离职呢？

作为尽职调查的一部分，你应该要求查看来自实际交易的内部文件样本，并要求审阅典型的财务模型。“人 + 过程 = 业绩”仍是投资中的老生常谈。你可以通过考察管理人的业绩记录来了解这个等式在过去是如何运作的。你的管理人所做的投资类型会有不同，你的分析的性质也将有所不同，但是有两点需要牢记在心。

第一点是你分析的对象。你为什么要做分析？你试图发现什么？你希望知道你的管理人是如何赚取回报的，以及相对于他们的竞争对手，他们的业绩如何。如上所述，后者需要访问行业数据库。在没有此类数据库的情况下，你可以使用从其他管理人那里收集的可比数据，或者使用一些适用于其竞争领域的商定基准。

前者要求你考虑你对这种资产类型，尤其是对其回报如何产生进行背景研究，然后你可以创建一个可以分离各组成部分的模型。同样，这里有两个现实生活中的例子可以说明这一点。

对于主动型股票管理人和/或只做多的对冲基金管理人（他们本质上是一样的），你想确定回报的哪一部分来自择时交易和市场β，哪一部分来自挑选个股，（如果合适的话）哪一部分来自挑选某些行业，或者选择某些投资组合权重。

对于并购基金（属于私募股权资产类型中的一种资产类型）而言，回报可能受到三个主要因素的驱动：（1）盈利或者现金流增长；（2）在进入和退出时适用于这些数字的倍数变化；（3）杠杆效应。第一个因素可能被分为两个甚至三个部分，这取决于使用的是哪种衡量指标，因为盈利增长可能是由销售增长或者利润率提高驱动的，而现金流可能会受到债权人压力或者债务人压力的影响。

无论是什么因素驱动你的资产类型的回报，重要的是你要了解它，因为如果你不了解，你就无法创建一个合适的模型。这又是一个没有专业知识和专业技能就不应该投资的例子。

第二点要牢记于心的是你正在研究的回报指标的类型。这是最基本的一点，而很多投资者在实践中都没有考虑到。简单地说，说明投资回报主要有三种方式，你需要非常清楚地知道你在考虑哪一种以及为什么。

理解管理人回报

大多数管理人都将试图使用“年化”回报率。对于散户投资者而言，这将是基金广告中使用的数据计算方式。它是一个简单平均数，数学家称之为算术平均数。如果你要计算平均年回报，你只需要把每年的回报加起来，然后除以年数，就像你要计算一个房间里所有人的平均身高一样。

然而，数学家们认为，当涉及投资回报时，使用算术平均数是不合适的，我们应该使用几何平均数。尽管它仍是一个平均数，但计算方法不同。他们认为，投资回报不是身高或者体重这样的有限数字，而是增长或者下降的百分比（正回报或者负回报）。有一种公认的方法可以计算出这样的百分比平均值，即把每个数据都变为一个相对于1的数字，然后把它们相乘（而不是相加）。由于我们用的是乘法而不是加法，我们使用的是我们考虑的年数的平方根。

因此，年回报 +6%、+11% 和 –4% 的几何平均值的计算如下：

$$\sqrt{(1.06 \times 1.11 \times 0.96)} = 1.041 \text{ 或 } 4.1\%$$

请注意，如果我们计算一个简单平均数（算术平均数），那么我们将得到 4.3%。

如果你无法完全理解这究竟发生了什么，请不要担心，但你须牢记非常重要的一点，我们刚刚进行的计算很好地说明了这一点：几何平均数不可能高于算术平均数，它几乎总是低于算术平均数，有时甚至低得多。因此，最重要的是，你要考虑使用哪种平均数，尤其是在管理人选择使用算术平均数的情况下。这并不奇怪，因为算术平均数可以美化他们的业绩。同样，弄清楚他们是否剔除了所有的费用和其他附带成本也很重要，这样你才能看到真正的“净”数据。

因此，当管理人向你展示其业绩记录时，你首先要问的两个问题应该是“这些数据是扣除了所有费用和成本后的净数据吗？”以及“这是算术平均数还是几何平均数？”仅仅这两个问题就能够保证让你成为管理人眼中的麻烦制造者，并且让你的同事饶有兴趣地关注你。

然而，这两种回报指标都有一个严重的缺陷，即它们都没有考虑货币的时间价值。它们都假设每年的回报有相同的权重，我们知道这是不正确的。即使我们不明白为什么这在数学上如此重要，也能本能地意识到这一点。如果我们事先知道自己将不得不遭受一年的损失，我们会愿意把这一年推迟到尽可能远的未来，而如果我们事先知道某年将获得丰厚的回报，我们会愿意这一切尽快发生，最好就在今年。

周期性回报（比如年度或季度回报）的另一个问题是，它们不是基于资产持有期间发生的实际现金流，而是（通常）基于其被认为的市场价格。因此，如果你在某年的年初以每盎司 1 500 美元的价格买入了黄金，到当年的年底市场价格已经上涨至每盎司 1600 美元，你将被认为已经获得了 6.66% 的正回报，即：

$$100/1500=6.66\%$$

然而，你可以辩称自己实际上根本没有获得任何回报，因为你没有卖出黄金。你为它支付了 1500 美元，迄今为止还没收到任何回报。在你卖出黄金之前，收益纯粹是概念上的，而当你决定在未来某一天这样做时，市场价格几乎不可能仍为每盎司 1600 美元，而很可能为 1800 美元甚至 1400 美元。如果黄金价格下跌至每盎司 1400 美元，你将没有任何收益，反而出现了损失。

假设你以 1500 美元的价格购买了债券，该债券向你支付了 100 美元的现金利息。在这两种情况下，你都被认为已经获得了 6.66% 的回报，但这两种情况真的能被认为是一样的吗？你是想要可能会逐渐消失不见（而且在投资被出售之前无论如何都无法实现）的 100 美元的名义回报，还是现在拥有 100 美元的现金呢？

运用复合回报指标（比如内部收益率）可以解决上述两个问题。它考虑了货币的时间价值，认为未来几年的回报价值低于今天的回报价值。此外，它是基于实际现金流的，被认为更能反映投资者如何看待资产的现实。在为债券定价时，这些指标经常被使用。例如，到期收益率实际上就是一种内部收益率。

不过，当投资者们乱作一团时，他们会审视复合回报率 [比如在私募股权等资产类型中经常使用的"收获年份"（vintage year）回报率]，却认为它们是"年化"甚至"年度"的时候，问题就出现了。如果你仍未完全理解计算这些指标的不同方式，这并不重要。但请你注意，同样的回报流，即使它们都是实际现金流，如果损失发生在靠近这个系列开始而不是结束时，在复合回报的情况下，回报率可能会低得多。

小结

我希望，本章所阐述的观点能够让你对管理人的选择有一个明智的讨论。你需要问的问题类型是（大致是这样的顺序）：这种资产类型有一个可接受的 β 系数吗？如果有，它是否值得投资？如果有，我如何才能最有效地获得它？如果没有，我是否愿意将这种资产类型加入我的投资组合（因为我知道我需要选择不同的主动型管理人才能做到这一点）？如果我愿意这样做，那么我该如何做到最好呢？

如果你决定沿着这条路线走下去，那么请记住"人 + 过程 = 业绩"这个公式，并仔细审视这三个元素。

INTELLIGENT
INVESTING 第10章

新进展：趋势投资和风险因素投资

近年来，投资战略的范围迅速扩大，并将继续扩大。在某些领域，人们更关注风险而非回报。基于敞口的投资战略（与潜在的敞口或者风险的具体类型有关）和趋势投资值得我们关注。前者在很大程度上（尽管不是全部）局限于间接投资者（那些寻求通过投资工具和基金管理人实现对某个领域的覆盖的人），而后者更适合那些寻求直接资产敞口的投资者。

近年来，投资战略的范围迅速扩大，并将继续扩大。例如，我们已经看到了越来越复杂的定量模型，越来越多的人接受更多样化的资产组合，对所谓的“另类”资产类型有了更深入的了解。在某些领域，人们更关注风险而非回报。其中一些进展是明智和有益的，但其他一些进展则不然。有两种相对新颖的方法值得特别提及：一种方法是基于敞口的投资战略，这与潜在的敞口或者风险的具体类型有关；另一种方法是趋势投资。前者在很大程度上（尽管不是全部）局限于间接投资者，即那些寻求通过投资工具和基金管理人实现对某个领域的覆盖的人，而后者更适合那些寻求直接资产敞口的投资者。

基于敞口（“风险因素”）的投资

这些天，在查看北美投资者的各种年报时，我发现很明显，他们中的一些人开始思考自己可能面临的不同类型的敞口（最好避免“风险”一词，因为它引起了非常多的混乱，这是可以理解的），以及他们可能寻求以哪些方式来通过他们选择的投资组合资产来减少这些敞口。

毫无疑问，人们日益认识到投资战略应该基于个人投资者的具体环境，并在某种程度上受其驱动，而这些敞口代表了在战略过程中识别出的一些外部挑战。

然而，这在某种程度上也是很多投资者在2008年的经历，他们原以为自己已经将资本配置在一个合理分散的投资组合中，结果却发现不同资产类型之间的相关性，尤其是相对于股票市场而言。尽管一些相关性是人为的（如果每个人都同时买入或者卖出同一种资产，那么这种资产的市场价格会适当向上或者向下也就不出乎意料了），但是没有人预计到相关性（毕竟只能在事后对历史回报衡量相关性）能在如此短的时间内发生如此迅速的变化，这无疑是公平的解释。

对于养老基金或者人寿保险公司等投资者而言，通货膨胀和寿命是两个明显的敞口候选者（对于养老金敞口基金而言，其他敞口包括投资风险、利率风险和发起人风险）。

通货膨胀

乍一看，对冲通货膨胀似乎很简单。例如，人们可以购买与指数挂钩的债券或者回报互换（用某种形式的固定回报换取基于通货膨胀的回报）。然而，这两种方法都困难重重，而且如果人们想要长期实施它们的话，难度还会增加。

指数挂钩债券的问题在于，相对于需求而言，可供选择的指数挂钩债券非常少（而且没有哪个政府会愚蠢到去发行更多的指数挂钩债券），因此它们经常以高于票面价值的价格交易（在可供选择的情况下）。因此，根据定义，它们根本不提供通货膨胀回报，而是提供低于通货膨胀的回报，因为通货膨胀回报是根据票面价值计算的。你持有这种债券的时间越长，这个差距就会越大。

当然，这也忽略了税收的影响。除非是一位整体免税投资者（比如主权财富基金），或者部分是免税投资者（比如在包管账户内交易的散户投资者），否则人们甚至无法指望保护自己免受通货膨胀的影响，至少无法直接保护自己。

通货膨胀互换存在两个问题。第一个问题是，获得它是要付出代价的，而这个代价很可能足以在净回报与通货膨胀之间制造一个缺口。第二个问题是，任何互换都会带来对手方风险，尽管越来越多这样的工具可能被交易所清算。实际上还存在第三个问题，即与指数挂钩债券一样，通常需求大大超过供给。毕竟，从会计和审计的观点看，进入通货膨胀互换的可变一侧会产生一种开放式或有负债，这在当前的资产负债表上造成了很大的难题。

一个更具创意的方法可能是考虑那些可能对冲通货膨胀的资产，这时人们通常会想到股票。然而，这在实践中是否真的奏效还是个未知数。当然，它在短期内并不会奏效。历史上有很多时期，比如20世纪70年代的英国，股市的实际价值大幅下跌。遗憾的是，这也适用于其他两个候选者，即房地产和黄金。对于长期投资者而言，答案可能是在这三者上的配置大致相等。

对于短期投资者而言，事实可能是根本无法消除通货膨胀的影响，但在低通货膨胀水平下，这可能无关紧要。再说一次，在低通货膨胀时期，人们并不真正需要保护。然而，或许银行等真正的短期投资者可能会寻求以可变利率而非固定利率向客户发放更多贷款。尽管利率往往滞后于通货膨胀，但这至少可以提供一些补偿性保护。

寿命

寿险公司能够获得一种完美的天然对冲。它们的年金业务为人们提供了终身的收入来源。这项业务的风险是人们身故会晚于预期，这完全抵消了寿险业务的风险，即人们身故将早于预期。其他投资者就没那么幸运了，养老基金就是一个很好的例子。

此外，这里可以使用互换工具，根据养老基金目前假设的寿命数字向金融机构付款，如果其成员的寿命最终与预期不同，金融机构就会支付或者收到补偿性款项。同样，这也存在明显的对手方风险，尤其是因为这种安排只有在持续多年的情况下才有真正的用处。然而，这种风险往往是由对手方转移到金融市场的。

鉴于保险精算师多年来似乎一直低估了寿命，我们很难看出这样的安排对于相关银行有何吸引力。这类工具的可用性似乎正在枯竭，而且《巴塞尔协议Ⅲ》提出的类型要求很可能会加速银行退出该市场。

那么，还剩下什么呢？一种可能性是，养老基金采用下文所述的基于趋势的方法来应对寿命问题，不过可能会选择持有上市公司少量股权，而不是直接投资。

顺便说一句，我们在这里只讨论了两个更明显的风险因素。我们将在本章的最后讨论更复杂的基于风险因素的方法，但此时更有必要提及发起人风险。

严格地说，至少在英国，发起人风险已经消失了，因为如果计划发起人采取了各种破产行为中的一种，那么原则上偿付至少基本水平的养老金福利，默认由养老金保护基金（Pension Protection Fund）承担。然而，其他国家并没有这样的安排，而且即使在英国，这个问题也没有完全解决，因为可以支付给个人的福利水平有一个上限。

也许英国政府为英国公司计划提供这一安全阀是正确的，因为是政府的政策（理事会由发起人的董事们主导，而且在很多情况下，由发起人自己的顾问提供建议）使这种风险在实践中难以解决。有人提出，只要有可能，应该通过资产转移、提高缴费或者授予保护的方式应对这个问题，而不是通过基于投资的解决方案，尤其是因为这样做的唯一明显的方式将是卖空发起人自己的债券或者股票，这不太可能是一个普遍受欢迎的举动。

趋势投资

到目前为止，除了之前提及过，对房地产投资者而言，直接投资是一个与规模有关的问题之外，我们还没有真正介绍过直接投资。然而，如果我们要从整体上谈论投资实践的发展，就很难忽略世界上一些规模最大、最有经验的投资者正日益从间接投资转向直接投资的事实。其中为首的是一些主权财富基金和一些更具冒险精神的北美养老基金（尤其是在加拿大），它们已经从购买和开发有声望的办公大楼等房地产资产转向购买企业（或者企业的战略股权）、农地、人工用材林和基础设施资产。

当然，这确实带来了一些有趣的新动向，尤其是在私募股权等领域。尽管机构投资者曾经满足于成为私募股权基金中的被动有限合伙人[①]（尽管它们经常寻求与私募股权基金共同投资），但是现在它们正日益直接地与私募股权基金竞争相同的投资机会。

这在一定程度上是由于人们对投资管理人的怀疑以及越来越不抱幻想，私募股权基金和对冲基金的普通合伙人[②]尤其引人注目。人们的感觉是，在很多情况下，这些基金收取了高额费用和高额业绩报酬，却很少有相应的卓越业绩。就私募股权而言，这种玩世不恭的态度在不断加剧，因为真正的业绩只能在事后很多年（或许10~15年），也就是该基金的寿命结束时才能被恰当地衡量。在极端的情况下，投资界仍有相当数量的、吵吵闹闹的少数人认为私募股权是某种形式的骗局，旨在抢夺他们的资金。

而在某种程度上，有限合伙人在这方面对自己的问题起到了推波助澜的作用。人们倾向于关注大品牌而不是那些令人兴奋的小公司，以及关注超大型并购领域，而不关注其他或许更有趣的领域。此外，人们对管理人选择的戏剧性后果也知之甚少，有太多的有限合伙人满足于继续支持那些表现糟糕的普通合伙人。可以说，所有这些因素都是受投入市场的过多资本所驱动，而这些资本往往是由那些基础知识和理解水平都非常欠缺的有限合伙人投入市场的。

普通合伙人会辩称，近年来收费安排已经发生了明显的变化，但这种说法只是部分正确。在面临来自有限合伙人的强大压力下，已经发生变化的是所谓的“瀑布”安排，它计算的是何时支付以及如何支付附带收益（普通合伙人的报酬中与业绩相关的部分），但是自从基金规模明显变小以来，很少出现（不与业绩相关的）管理费水平的明显下降。

① 即基金投资者。

② 即基金管理人。

同样，有限合伙人继续对他们的问题起着推波助澜的作用。至少可以说，似乎不清楚的是，为什么他们应该聚焦于降低与业绩相关的薪酬上（尽管我们要清楚这曾经是非常不公平的，完全值得改变），以及不论业绩如何（事实上，即使基金的资本出现了整体损失）都要支付管理费，从而制造了明显的利益失衡。私募股权行业研究机构普瑞奇（Preqin）近期的一份报告显示，超过 10 亿美元的基金的平均管理费保持在 1.65% 左右。但似乎很难看出其中有多少基金无法以大约 50 个基点（0.5%）的收费和一种完全令人满意的商业方式进行管理。

因此，即使附带收益安排限制更严格，费用仍将严重拖累业绩。顺便说一句，如果有人认为私募股权管理人是被单独挑选出来特别关注的话，我们需要明确指出的是，类似的保留意见也出现在其他领域，比如房地产、对冲基金和基础设施（出于不同的原因）等。然而，对私募股权而言，其影响最为显著。如果一家私募股权基金的总回报（不计费用、套利和其他成本）为 30%（目前很少有基金有这样的预期回报），实际上可能只会给投资者带来大约 18% 的净回报，这取决于具体的条款和费用安排。

很大一部分原因是只有在需要投资时，资金才从投资者处扣除，因此在基金的最初几年，对承诺资金收取 1.65% 的费用实际上可能占投资资金的比例要高得多。另一个原因是有相当大比例的承诺资金通常最终不会用于投资，而是变成了费用、交易成本和其他费用（顺便说一句，这确实非常清楚地证明了投资者基于一段时间内的实际现金流而不是周期性回报来衡量复合回报的优越性。这种优越性如此明显，但为什么几乎没有人真正意识到？这仍是金融实践中最大的谜团之一）。

然而无论原因是什么，也不管对错，很多机构投资者都得出了这样的结论，即在大多数情况下，间接投资是否物有所值越来越值得怀疑。当然，投资组合规模的问题在这里再次出现。规模较小的投资者往往别无选择，只能投资于集合工具，有时甚至只能投资其中的一个子集。在这个问题上，他们几乎没有选择，但大型投资者有，而且他们越来越多地选择行使这一权利。

彼得·德鲁克曾经说过，没有挑战，只有机遇。[①]也许收费拖累就是一个例子，至少对于那些规模足够大、经验足够丰富、能够充分利用这一点的投资者而言是这样。

顺便说一句，最后一点很重要。寻找、评估和执行金融交易是非常复杂的，并且需要专业知识，就像收购后的投资管理一样。投资者决定与投资管理公司直接竞争几乎毫无意义，除非他们准备吸引并留住那些本来就在这些公司工作的人。这些人通常都有投资银行或者战略咨询的背景，而且以前很可能做过高级会计师、律师或者行业经理。

聘用这样的人并不便宜，这可能会给投资机构，尤其是那些公共部门的机构带来问题，因为它们可能常常有严格的薪酬上限，而制定这些上限的人可能对政府事务很了解，却对投资管理知之甚少。这类人通常关注的是某种东西的成本，而不是它的潜在价值。这是一个关键问题，投资者进行 SWOT 分析时，在该问题上应该非常坦率和诚实。如果不允许你聘用必要的人来进行正确的投资，你就不应该考虑进入任何投资领域，直接投资也不例外。

遗憾的是，成本问题如此频繁地阻碍了投资者行为的明智和有益的发展，尤其是在人们如此频繁地犯错误的情况下。与所有的财务分析一样，重要的不是某种东西的绝对成本，而是相对成本。与以一种方式做一件事的成本相比，以一种不同的方式做这件事的成本是多少？

假设我们是一位拥有 50 亿美元的投资者，希望将我们总资产的大约 20% 配置到私募股权基金。一旦我们将 10 亿美元进行了全额委托，在我们开始考虑附带权益、基金启动成本、交易成本、中止成本等的影响之前，我们每年单管理费就要支付超过 3000 万美元。用比这少得多的钱，我们可以组建一个高质量的内

---

① 或者更准确地说，任何看似对企业构成挑战的变化实际上都是做一些不同的、有利可图的事情的机会。

部交易团队来完成这项工作。

事实上，这样做有很多可能的好处，其中两个是实际的好处。我们现在可以直接控制决策过程，而且可以为自己选择投资哪些资产。此外，很多卖家对出售资产给私募股权买家所可能涉及的政治后果和媒体报道都非常谨慎，尤其是如果所出售的业务后来尴尬地破产，可能会让很多人失业的话。对该资产产生长期现金流的潜力感兴趣的主权财富基金等战略买家而言，这很可能是一个更具吸引力的选择。私募股权普通合伙人是受到私募股权基金采取“为了卖出而买入”的态度所驱动的，而战略买家则被认为是“为了持有而买入”。

不过，最大的潜在优势是经济上的。请记住，收费拖累的影响可能至少是整整十个百分点。这给直接投资者带来了一个令人兴奋的机会。他们可以在仍然期望相同净回报的同时提供更高的价格，或者（更有可能）在负债更少的情况下提供类似的价格，从而可以在融资风险显著降低的前提下，期望实现同样的净回报。

因此，一小群重要的机构投资者正在转向直接投资也就不足为奇了。事实上，现在有少数投资者只考虑直接投资。然而，任何这样的计划显然都需要一种战略模式来运作，就像任何间接投资组合一样。除此之外，还存在一些问题，比如需要多少投资才能实现有效的分散投资，以及如何避免在任何一个地域或者行业过度投资。趋势投资就是这样一种可能的方法。

趋势投资是一个迷人的领域，因为它在很大程度上是一种“如果……会怎么样”的方法。它本质上是未来主义的，包括尝试识别那些可能影响未来的趋势（一般来说，不仅是金融的趋势），然后思考如何进行投资，并从中受益。你可能听说过“在趋势上冲浪”的营销表述，这同样适用于投资。

为了了解它是如何运作的，让我们看看这些讨论可能提出的五种可能的趋势，并看看我们可以以何种方式驾驭它们。

人口老龄化

我们知道，我们生活在一个人口结构已发生了重大变化并将继续发生变化的世界。我们以英国为例，一份议会的研究报告估计，到2020年，平均预期寿命将在80岁左右（女性略高于这个年龄，男性略低于这个年龄）。考虑到医学的快速发展，这个数字已经开始显得保守了。社会因素（比如吸烟、饮食和生活状况的改变）也都发挥了一些作用。

我们不妨把所有这些数字放在社会背景下看。20世纪初，预期寿命的可比数字仅为50岁。当时2/3的人在60岁之前就去世了，而现在只有10%的人会在60岁之前去世。[①] 还有人说，那些现在出生的人轻轻松松就能活到至少100岁。

我们非常清楚预期寿命的大幅增长对职业养老基金的不利影响。如今，在英国富时100指数成分股公司中，没有一家公司仍向新成员开放最终薪金（固定收益）养老金计划。而且，这对公共财政的影响也是灾难性的。当英国在第二次世界大战之后引入福利国家体系时，女性的预期寿命约为69岁，男性约为63岁，这意味着在养老金方面的支出预计不会很大。顺便说一句，这也提出了一个有趣的问题：为什么男性的退休年龄总高于女性，而不是相反？

我们应该在适当的时候关注养老基金等投资者可能采取什么措施来降低寿命进一步延长的风险。然而，如果人口结构的变化确实被确定为一个将持续到未来的关键趋势，那么我们该如何利用它，并使它对我们有利呢？毕竟，正如德鲁克指出的，一个人面临的挑战是另一个人面临的机遇。很多企业现在会专门迎合那些过去被称为“灰色市场”（现在似乎被称为“第三代”市场）。

趋势投资者会寻找能够从数量庞大的老年客户中获益的企业或者资产。如果我们看看日本这个人口老龄化问题最明显的国家，就可能会被一些明显和不那么明显的国家所吸引。前一类的例子可能是专门的退休旅行公司和保健服务提供

---

① 所有数据均来自英国国会下议院名为《一个世纪的变化》的研究报告。

者，比如保健中心、家庭护理、庇护性住房和额外护理住宅等。后一类的例子可能包括网上超市和百货商店（日本的一些商店现在专门针对老年人）、行动辅助装置以及一些技术含量很高的失禁产品。想到我们在生命之初穿着尿布，吃着婴儿食品，而很多人也会以类似的状态结束生命时，真的很难过。

水

据估计①，到 2025 年，世界上将有 2/3 的人口缺乏足够的饮用水。一些特定的国家，比如南非，已经在公开讨论它们可能无法在这个日期之前为其人口提供充足的水的可能性。如果不采取补救措施，这个问题可能会变得非常严重，以至于有人猜测，未来可能会因为争夺水源而不是石油爆发战争。

幸运的是，对于那些想要了解这种情况的人而言，水利行业已经是一个巨大的行业，全球营业额估计在 4000 亿美元左右，这将使它成为仅次于石油和电力的世界第三大行业。然而不幸的是，很多超大型公司，也就是那些实际在处理和供应水的公用事业公司，正在受到严格的监管，特别是在收费方面，这是可以理解的。从政治和社会的角度看，这可能既是可取的，也是有益的。但同样可以理解的是，很多投资者都不愿意投资一家不能在自由市场环境中运营的企业。

然而，硬币还有另一面。在一些国家，比如英国，水利公司被允许自动按比例提高价格，从而免受通货膨胀的影响。2012 年，中国主权财富基金收购了肯布尔水务（Kemble）公司的少数股权。肯布尔水务公司是一家私人控股公司，控制着泰晤士水务（Thames Water）公司。2011 年底，阿布扎比投资局（ADIA）收购了泰晤士水务公司的少数股权。同样在 2011 年，中国香港商人李嘉诚收购了诺森伯兰水务（Northumberland Water）公司。

媒体评论聚焦于这样的投资应该提供的不受通货膨胀影响的稳定回报。尽管这在原则上是正确的，但它必须受制于重要的警告，而这些警告似乎都没有得到

① 数据来自美国慈善组织蓝色星球网络（Blue Planet Network），其数据被联合国和世界卫生组织普遍接受。

承认。

第一，对于外国投资者而言，这样的财产以英镑计价，事实上这就制造了汇率风险，如果人们相信购买力平价（purchasing power parity，PPP），那么英国的通货膨胀水平相对于其他国家的上升都将反映在英镑相对于其他货币的贬值上。因此，投资者只有在自己国家的通货膨胀率高于英国并保持下去的情况下才会获得净收益。

第二，它假设政府政策不会发生变化，这对于政客而言无疑是一个危险的假设，因为他们总是面临迎合短期的选举人气，而不是长期经济担忧的诱惑。

第三，它假设派息政策稳定，公司利润对股东没有多大用处，除非利润得到了实际的分配。然而，英国大部分的水利基础设施始建于19世纪，目前在遭受严重的渗漏，未来将需要大量的资本支出。

第四，买入了股票投资的风险。公用事业公司是上市公司，将随着股票市场的β系数上下波动。对于主权财富基金等长期投资者而言，这似乎不是一个大问题，但它确实提出了一个问题，即通货膨胀的上升在多大程度上必然伴随着类似的股价上涨。将股票投资只当成类似债券的稳定现金流的来源，既不合逻辑，也很危险。

第五，买入了经营风险。即使人们对上述所有问题都感到满意，也仍然存在一个令人不安的事实，企业管理得可能不那么好。在最糟糕的场景下，它甚至可能因管理不善而破产。对少数股权而言，这是一个特别的问题。至少李嘉诚买下的是全部控股权。

因此，一些投资者可能更愿意投资水利基础设施方面或者技术方面。前者可能包括那些设计、建造和运营海水淡化厂等基础设施的公司，后者可能是那些开发新技术，以帮助保护或者净化水的公司。后者可能尤其具有吸引力，因为这些公司往往拥有专利技术，而这些专利技术可能成为其他公司进入的障碍，并将提供一种令人兴奋的成长型资本类型的潜在回报。

超大城市

当时可能很少有人注意到这一点，但在 2008 年，人类经历了一个可能被证明是非常重要的里程碑事件。世界上第一次有一半的人口生活在城镇和城市。在未来几年，这一比例将稳步上升至至少 2/3，全球很多城市将成为超大城市。目前，人们把“超大城市”定义为拥有至少 2000 万居民的城市。

这显然带来了各种各样的挑战，而且不可避免的是，其中很多挑战将落到私人部门身上，无论是有意为之，还是（更有可能的是）默认为之。城市必须提供更多的住房，办法是不断地扩大新住房的面积或者以高密度的建筑取代现有的住房。已经超负荷运转并且在某些地方几乎如同虚设（比如达卡和雅加达）的交通网络将不得不承载更多的人口，而且可能要跨越更长的距离。水、电、煤气、通信、卫生和垃圾处理的供应将上升至新的复杂程度。教育、卫生保健和法律与秩序等看似次要的问题也将被摆在明显位置。

在一些国家，比如日本（日本的大东京地区有超 3000 万的居民），一些挑战已经被克服了，至少部分克服了（尽管不是完全克服，任何乘坐过东京地铁的人都可以证明）。在一些国家，比如中国，一些问题可能已经被提到议事日程并进行讨论。在其他一些国家，政治家的任期有限，腐败和低效率可能普遍存在，因此这些问题似乎在很大程度上被忽略了。

这一趋势的主要影响将在亚洲、南美洲和中美洲显现。1900 年，世界上最大的四个城市是伦敦（当时已经有 650 万人口）、纽约、巴黎和柏林，芝加哥和维也纳并列第五。在未来几年，这些城市中只有纽约能进入前十大城市的行列，其他城市很可能是东京、孟买、墨西哥城、圣保罗、德里、上海、加尔各答、达卡和雅加达。

遵循德鲁克的原则，机会很可能就隐藏在其中，比如房屋建设、土木工程和公用设施类的基础设施等领域。此外，寻找那些能为解决交通和通信等领域的挑战性问题提供“智能”解决方案的公司可能会特别有利。

顺便说一句，有趣的是，这些主题中有很多在亚洲和南美洲似乎同时存在（并相互影响）。

燃料和能源

这是另一个有趣的领域，尤其是因为它是一个说明有必要积极进行结构性改革的很好的例子。人们似乎普遍认为全球已经经过了“石油峰值”，在“石油峰值”这一点上，未来的需求增长将不再能被进一步发现和开采所抵消，尽管这多少有些艰难，但如果油价达到更高水平，目前难以获得的某些石油储备就有可能变得可行。

然而，对于天然气而言，页岩气的开采技术及其政治接受度都取得了重大突破。页岩气是被困在页岩层中之间的天然气，页岩层可以被水压裂解（这种技术被称为“水力压裂法”），从而释放出天然气。页岩气开采导致了天然气市场价格的大幅下跌，尤其是在北美地区。

尽管天然气是一种重要的能源，尤其是日本福岛核灾难发生后，核能发电站再次成为政治上一个烫手的山芋，但是这无法掩盖人类对石油的依赖，也无法掩盖这样的事实：在任何人看来，石油储备必然会持续减少，直至耗尽。

有很多不同的方式可以利用这一趋势。有些人可能选择对油价建立多头头寸，尽管在长期基础上这很难做到，除非通过 ETF。即使这样做，也可能存在对负的展期收益（期权持续地在价外到期的成本）或者对手方风险（基于回报互换的基金）的担忧。

然而，对于直接投资者而言，机会可能来自与石油服务有关的公司，尤其是那些在难以开发的地区发现或者开采石油方面具有专业技术的公司。然而，同样，他们也可以瞄准那些开发提高燃油效率技术的公司，甚至是开发替代能源

（比如燃料电池技术）以及电动汽车或者混合动力汽车零部件的公司。

污染和环境

随着世界人口的增长，工业生产和城镇消费也在不断增长，如何处置工业生产和城镇消费的废物问题也变得越来越尖锐。

一方面，在新技术方面可能存在投资机会，这些新技术可以减少工业废物和排放，有助于将它们的影响最小化或者中和它们的影响。另一方面，专门生产清洁能源（比如太阳能和风能）的企业也可以被纳入考虑范围。然而，后一个领域对于投资者而言是相当难以正确评估的，原因是它在世界某些地方的兴起，并且在商业上具有可行性，仅仅是因为有政府补贴，而政府补贴旨在促进替代能源对全国能源总量的贡献达到公开发布的目标。尽管这在原则上是好事，并值得称赞，但对于那些四处寻求节省公共支出之策的政府而言，它们面临着强烈的诱惑，那就是在这些承诺上食言，而不是做一些更有害的事情，比如减少公务员人数。

无论是那些提供回收或者处理服务的行业，还是那些生产设备和机器的行业，再生资源行业等领域都很有吸引力。如果可以选择，后者或许更好，因为前者通常都会卖给公共部门，这可能会带来不利。

新的进展：风险因素平价

尽管风险因素投资尚未被普遍接受，但它已经不再是新事物了。例如，在2007年之前，有人曾向一些投资管理人提出了号称能够复制各种对冲基金战略的程序。采用这些程序非常缓慢，而且很多人质疑，在不正常的市场条件下，它们会坚持到何种程度，而不正常的市场条件恰恰是随后迅速出现的那种情况。

然而，事实是，包括养老基金和主权财富基金在内的很多投资者，现在确实在投资过程中公开考虑它们可能忽略的风险因素。这样做本身显然是可取的，因为不考虑负债（以及那些可能影响负债的因素）、在封闭状态下构建的投资战略是没有意义的。而且在更根本的层面上，这有助于让投资者摆脱“波动即风险”的咒语。任何能够促使人们以更明智的眼光看待风险这一极其复杂的现象的事情，都是朝着正确方向迈出的一大步。风险确实复杂到几乎肯定永远无法完全理解它。

近期，一些金融学者和投资管理人已经开始采取一种更根本的方法来分析风险因素。传统上，风险因素投资背后的理念是在所选择指标的给定水平上平衡一个投资组合，甚至完全平衡所有的因素，这样就可以实现“风险平价”。在这种状态下，你已经成功地抵消了所有的市场风险，或者更准确地说，你可以在不对任何特定市场持任何特定观点的情况下投资。

这样的理念有一些令人兴奋的含义和可能性。例如，它必须隐含在这样一种方法中，即资产的性质无关紧要，重要的是从风险因素的角度看，这种资产在你的投资组合中可能会如何表现。真正的风险因素平价法必须超越武断的分类以及对资产贴标签的下意识反应。

然而，投资更多地关乎情感，而不是数学，这一要求也凸显了这种方法的致命缺陷。因为投资者总体上并不准备放弃他们随心所欲的资产配置。我们可以在基础设施债券中看到这方面的一个很好的例子。很多养老基金回避了基础设施债券，因为虽然基础设施债券提供了政府债券的很多优势，而且有更高的回报率，但是投资者必须将它们放入“基础设施”的盒子，而不是放入“政府债券”的盒子。因此，尽管风险平价在实践中可能是可行的（请注意“可能”一词），但对于很多机构投资者而言，通常需要放胆一试。

另一个问题是，风险因素平价投资严重依赖杠杆和衍生品的使用，很多投资者限制了对这两种工具的使用，这是可以理解的，尤其是在2007年和2008年的事件之后。因此，目前对风险因素平价投资的最佳评估尚未定论，至少在相当数量的投资者采用它、运行几年再公布结果之前是这样。然而作为一种理念，它显然是一个有趣的话题。

尤其令人鼓舞的不一定是潜在机制（正如风险因素平价的拥护者指出的那样，这些机制在很大程度上还没有经过长期的实践），而是机制背后基本的概念性观点。这种观点认为，如何称呼一种资产无关紧要，重要的是它的质量如何以及它在你个人的投资组合中的表现如何。为了充分理解投资战略的复杂性以及充分且智慧地实施投资战略的必要性，人们必须迈出合乎逻辑的下一步，即正如没有两个投资组合是完全一样的，将同样的资产彼此结合也不会有完全一样的结果。然而，遗憾的是，人们也不得不感叹这样的事实，即很少有人这样做。

INTELLIGENT INVESTING

第11章

十“要”与十“不要”指导原则

在很大程度上，混乱和空虚是金融和投资的本质。混乱可能是由既无法预测也无法提前计算的行为因素造成的。空虚是指，如果你在寻找一些客观的定量框架，所有的投资结果都可以被包含在内，因为大多数结果实际上都是由主观的、定性的因素操作和产生的。如果我们可以以此为指导，并与我们感知到的现实结合起来的话，情况就可能会更好。

十“要”原则

一定要有战略

仍然值得注意的是，人们应该提出这些基本建议。但令人难过的是，至少在我的个人经历中，很少有投资者，即使是大型的机构投资者，真正经历过类似一个完整的投资战略过程，因此他们是在没有任何真正的凝聚力的投资战略下操作的。

如果你没有战略，就像在没有地图、路标、速度计或者汽油表的情况下尝试驾车旅行，不知道你的目的地或者起点，不知道你的汽车的性能，不知道它是否适合上路，也不知道它是否有保险。

因此，难怪很多投资者似乎只是在漫无目的地前行，经常“出故障”或者“出事故”，而且经常表示害怕从高速公路上冒险开到很少有人走的岔路上去。

战略提供了一个框架，在这个框架内，你可以选择你的行动，并判断其后果。或许正是出于这个原因，很多投资者才选择不制定战略。如果没有人知道你的目标是什么，那么就没有人能说你没有达到目标。在没有战略的情况下，成功和失败似乎与个别时期的绝对回报有关，往往被以某些武断的标准判断，并以过去个别时期回报的波动性来表示。

至少，你应该知道你从哪里开始以及你打算前往何处。

要诚实地告诉自己你是哪种类型的投资者

“了解自己”是任何投资者都能得到的最好的建议之一。表面上令人印象深刻的战略计划常常会失败，是因为与组织的执行能力相比，它们显得过于宏大或者难以执行。

只要投资者一开始就对自己真正是什么类型的组织持开放和坦诚的态度，而不是一厢情愿地想着自己要成为什么类型的组织，这些问题都可以避免。决策时间过长、官僚作风严重、缺乏专业知识和思维狭隘是阻碍雄心勃勃的意图的主要因素。

事实总是简单而残酷的。如果你花了一年多的时间做决定，那么打算投资那些可能需要频繁、灵活地重新定位的领域就没有意义了。如果你不是一位成熟的投资者，你就必须确保你有一个不复杂的计划，严重依赖可获得的 β 系数，并限制你的投资管理人的数量。顺便说一句，这同样适用于组织面向外部的活动。如果你反复对建议进行大量的分析，结果要么是根本无法做出决定，要么是在规定的时间内无法做出决定，你很快就会被认为是一个浪费时间的人，而且你获得的机会的质量也会稳步地快速下降。

老话说“量体裁衣”。你的投资战略应该与你的组织的情况相匹配，这是一个基本要求。

要将你的大部分时间都用于战略问题

尽管围绕特定研究的范围和有效性的争论持续不断，但似乎确实有强有力的证据表明，到目前为止，投资业绩好在很大程度上是受到战略层面的决策驱动，比如资产配置。而出人意料的是，只有很少是受到战术层面的决策驱动，比如使用方式或者管理人选择。[①] 然而，尽管这显然是不合理的，但是以我的经验看，

---

① 人们承认，这一准则也有一些明显的例外，尤其是在私募股权领域。

大多数投资者都把他们所有的时间用于考虑后者，几乎没有时间考虑前者。

这可能是你能够在一个组织中做出的最重要的改变。迫使关键决策者聚焦于"大局"问题和诚实的自我分析只会让资产配置更有效。然而，尽管这看起来是一个很容易实现的改变，但实际上，你可能会发现它遭到了强烈的抵抗。在某种程度上，这可能是因为人们不理解战略（区别于战术）的必要性，而且过于人性化的原因也会起作用。例如，长期聘用的顾问似乎尤其对别人探究他们的想法和建议，或者被问及他们没有直接经验的专业领域感到紧张。

尽管困难重重，但是有必要向组织文化注入战略意识。对于很多人而言，战略是一个额外选项，每年需要在豪华酒店中考虑两次。即便如此，他们通常讨论的也不是"战略"而是战术。重要的是让人们理解，战略应该是一个协商一致的整体框架，在这个框架内能够一致且明智地做出战术决策。如果没有这样的路线图，那决策只能是随意的，而且往往是彼此冲突的。

要在存在可接受的 β 时接受它

世界上很少有投资者拥有足够的规模和经验，去运营一个完全由寻求 α 的管理人或者项目构成的投资计划，即使他们想要这样做。时间对于任何投资者而言都是最有价值的资源，因为它总是供不应求，尤其是在做决策时。这使得任何投资者几乎都不得不设法将与管理人打交道的次数降至最低，事实上，世界各地的很多投资者目前正在试图这样做。

这强烈地表明，一旦某种资产类型被选定用于投资，并通过了我们之前考察代表性和可投资性的测试，那么着手获得其 β 值就是明智的。这样一来，不仅每种资产类型的管理人数量可以被限制为一位，而且投资者甚至可以指定一位管理人来提供跨越多个不同资产类型的 β 敞口。

即使投资者想采取多位管理人寻求 α 的方法，也无济于事。因此，如果在这个基础上行事，那么"主动与被动"之争也就无关紧要了。然而，如果没有这样的时间限制（它们几乎总是会存在的），值得注意的是，几乎没有确凿的证据（学术研究中肯定没有）可以证明，在较长时期内，管理人在扣除费用后仍能保持出色的业绩。事实上，人们的看法似乎正好相反，尤其是如果把关键人物的离职考虑在内的话。总的来说，从长期来看，通过放弃回报，β 方法的成本可能很低。

当然，这一项原则中的“要”是假设有一个可接受的 β 可用。如前所述，世界上很多地区的一些资产类型，比如私募股权、基础设施项目和房地产投资完全不是这种情况。

要确保你有不同资产类型的组合

正如我们已经看到的，没有投资者会梦想持有由单一公司构成的股票投资组合。分散特定风险的概念已经得到了广泛认可。然而，大多数投资者似乎都无法让自己接受系统性风险（β）也可以并且应该被分散的理念。更糟糕的是，人们似乎有一种根深蒂固的信念，认为其他资产类型在某种程度上天生就是“高风险”的，而事实上，如果用投资者选择的风险指标（历史波动率）来衡量的话，这些资产类型的风险实际上通常比他们自己选择的资产类型（通常是国内的上市股票）要低。

就像人类情感的所有产物一样，偏见是很难处理的。即使是硬数据也可能被证明是无效的，一些投资者只是简单地改变那些与他们的观点不一致的数字！奇怪的是，这种偏见似乎在那些对投资稍有了解的人而不是那些对投资一无所知的人中更为强烈。例如，非专业的养老金受托人通常会迅速领会五份法的意图。

更加艰难的是，唱反调的人确实有一些强有力的论据支持他们。如果你只看总体的周期性回报数据，就会发现资产类型之间的相关性在 2008 年确实大幅提高了，这是完全正确的。这需要我们抱有求知欲和开放的心态来审视这些数据，尤其是周期性回报背后的东西，一窥更深层的真相。

底线是，无论在资产类型之间，还是在资产类型内部，都应该始终追求合理的分散化投资，以减少对特定风险因素的敞口，并扩大回报的有效边界。

要进行再平衡或者要寻找类似的方法

如果在 1990 年前后，你选定对五种资产类型进行平均配置，其中一种是私募股权，那么几年后，你的投资组合的私募股权部分很可能已经从 20% 增长至 40% 以上。在不同时期，其他资产类型，比如黄金、新兴市场股权或者科技股，也都会有类似的特征。如果任它们自行发展，这种明显的回报波动将严重损害你的分散化投资策略。

因此，有必要进行再平衡，卖出这些投资中一些业绩好的，买入更多业绩好的投资。通过这种方式，投资者可以充分利用波动性，而不是被它伤害，而且要从数学上证明如下的事实是相当简单的事情：如果不同的资产都以同样的价值开始和结束，但与此同时也在波动，那么再平衡就最接近于投资提供的免费午餐。你只需要决定多长时间进行一次再平衡即可，每季度、每六个月或每年进行一次都可以。

趋势跟踪法是一个例外。在极端的例子中，基于移动平均数等技术指标，你可以在不同的时间“完全进入”或者“完全退出”一种资产类型。这样的方法可以降低波动性。目前尚不清楚的是，从长期来看，它们的表现是否会超过再平衡法，尤其是在考虑基于现金流的复合回报的情况下。无论如何，这种方法不能用于私募股权、基础设施基金和房地产（尽管房地产投资信托基金在某些情况下可以替代后者）等私人市场资本类型。

顺便说一句，尽管最好不要把这个事实告诉你的投资委员会，但再平衡还有另一个好处，那就是它能促使投资者做正确的事情。如果你进行再平衡，你就会被迫高卖低买，你别无选择。遗憾的是，经验以及行为金融学表明，大多数投资者的做法恰恰相反，当一种资产类型的价格暴跌时，他们会卖出它；只有当它的价格恢复到类似于之前的高点时，他们才会再次买回。

要放眼全球

奇怪的是，大多数投资者似乎都不情愿走出本国市场进行风险投资，这在某种程度上表明他们不愿意承担不必要的汇率风险。不过，“不必要”一词显然是这里的关键，汇率风险应该始终与其他因素相权衡。如果你是一位美国投资者，考虑到美国是一个巨大的同质市场，而且世界上很多投资工具，甚至整个资产类型，都是以美元计价的，这样的不情愿可能只是一种防御性的做法。另一方面，如果你所在国的国内经济规模小，政府负债累累或者政治不稳定，而且货币疲软，那么你就可能面临致命危险。

这在房地产领域表现得最为明显。大多数投资者（如果他们在房地产上有任何配置的话）往往只投资于国内市场。只有非常大型的投资者例外。在过去，除了直接投资房产外，投资是困难和/或昂贵的，这或许是可以理解的。现今，当可以获得房地产投资信托基金、私募股权工具甚至是合成敞口时，要证明这样做的合理性就困难得多了。

原因在于，全球房地产回报率与其他房地产回报率的相关性存在差异，而且关键是与其本国股票市场的相关性也存在差异。因此，在某些市场中，房地产在大多数情况下都是本地证券交易所的一项很好的分散投资资产，它们表现大致相似，但回报的相关性较低。然而在其他市场中，尤其是在一些亚洲地区，房地产与股票回报之间的相关性要高得多，因此要实现适当的分散投资，就需要在外国市场持有房地产资产。例如，在20世纪90年代后期的亚洲金融危机中日趋明显的问题之一是，当本国股票和房地产都崩溃时，很多投资者既持有本国股票，也持有本国房地产（而且有时用一种资产作抵押，贷款购买另一种资产）。

当然，未能放眼全球地思考问题也会让你对一系列可能的风险因素视而不见，我们将在下文阐述这一主题。

要认识到时间的重要性

我们已经提到了时间的重要性，投资者需要认识到他们的投资期限可能有多长和/或多么灵活。然而，时间的另一个方面至少同样重要，那就是货币的时间价值，它只能通过使用复合回报来衡量。

即使是使用数学上更“正确”的几何平均数方法，传统的回报衡量指标（比如年回报）也并没有考虑到这一点。相反，传统的回报衡量指标假设每个时期的回报都同样重要。然而，我们知道事实并非如此。当人们面临要么一开始有一大笔正现金流，要么最后有一大笔正现金流这样的选择时，他们都会选择前者而不是后者。

传统的回报衡量指标也没有反映投资者持有资产的实际情况。投资者关心的是现金流：当他们买入资产时是负现金流，出售资产时是正现金流，根据资产类型的不同，介于买卖之间的是一系列规模较小的正现金流。从在任何给定时间市场愿意为它支付多少钱的意义上说，资产在理论上“值”多少钱的问题可能会令审计师和监管者产生强烈的兴趣，因为他们似乎认为这样的事情至关重要。然而，传统的回报衡量指标几乎完全基于这种人为的“按市值计价”的估值，而不是在持有期间产生的实际现金流。

最后，让我们记住，某些资产类型，比如债券、私募股权、基础设施项目和很多类型的房地产投资，其年回报已被确认没有有效的结果。例如，债券的关键数据是其到期收益率，即基于预期现金流计算的复合回报率。因此，如果坚持使用年回报等周期性回报，就不可能有效地比较不同的资产类型。

然而，这似乎超出了整个投资界的思维方式，年回报既被用于衡量机构业绩，也被用于衡量单个管理人的业绩。如果说这可能是因为复合回报的数字总是比较低，从而使产生感觉良好的因素较少，这是不是有点悲观？

要进行能够实现你的关键目标的投资

这其实是对第一个原则“一定要有战略”的延伸。到目前为止，战略过程中最重要的部分是确定投资者的关键目标。有哪一件事是战略过程无法承担未能实现的结果的?

请注意，这一点的重要性远远超出了投资领域。在任何战略过程中，它都是根本因素。例如，假设一家养老金为偿还其到期债务而计算出的目标回报率非常之高，高到不切实际，这显然促使人们考虑资产配置和管理人选择之外的行动。或许可以迫使发起人追加缴费，或者说服他将部分不动产转入该计划?或许可以提高成员的缴费水平?最后一招是或许可以降低福利水平，或者彻底关闭最终薪金养老金计划?顺便说一句，尽管这一点没有得到普遍认可，但是固定缴费（货币购买）计划应该像固定福利（最终薪金）计划一样进行这种分析。

在计算完目标收益率后再忽略它将是愚蠢之举。拥有目标收益率的全部意义在于，它可以作为你的投资基准。作为一般原则，接受那些其回报模式表明它们有能力超过基准的资产类型，拒绝那些看起来甚至不可能达到基准的资产类型。然而，这种方法遇到的麻烦是情感，而不是逻辑错误。在面对一个其构成与他们之前从未考虑过的构成都不相似的投资组合时，很多投资者都会发现，将其视为一种荒唐的构想而拒绝它，比将其视为一种符合逻辑的必要之事来接受它更容易。

从某种意义上说，目标回报率才是最重要的。如果随着时间的推移，你未能做到这一点，你就会在考试中不及格。

要考虑所有相关的风险因素

考虑你的组织可能面临的各种威胁与计算你的目标回报率同样重要。如果你在资产配置中也能采取一些措施来对冲前者的话，实现后者就会容易得多。到目前为止，在这方面最明显的一个例子是保险公司出售寿险，以对冲其年金业务的寿命风险。

正如我们已经看到的，一些现代投资方法认为风险因素是最重要的，或许这些风险因素都可以被对冲，以创造一种风险平价的“没有市场”的环境（假设没有市场风险）。目前尚不清楚有多少投资者准备走到这一步，尤其是考虑到所需的高杠杆率和衍生产品敞口。但在这个方向上的持续压力只能是有益的。

第一，它有助于教育投资者，仅仅根据资产的明显物理特征来给其贴标签和选择资产是一种错误的做法（见下文）。第二，它帮助投资者认识到，某些类型的投资回报和风险因素实际上是同一枚硬币的不同面，因此考虑其中一个和考虑另一个同样重要，最好是同时考虑二者。

十“不要”原则

不要持有比你所需更多的流动性

流动性非常昂贵，因为它是以较低的长期回报预期为代价的。因此，要将其视为你投资组合中的一种奢侈品。你需要多少就应该有多少，但不能再多了。

如果你是一个极端的短期投资者，你很可能需要 100% 的流动性，但这种情况只可能发生在银行、非寿险公司和企业财务部门，即便如此，也并非普遍存在。更有可能的是，大多数投资者（其中养老基金最为典型），既是短期投资者，也是长期投资者，临界点将主要由内部政策或者外部监管决定。

无论如何，重要的是要明白这个点在哪里，这样你就不会陷入持有过多流动性的情况。要记住，随着新的流动资产替代那些刚被转换为现金的资产，或许每个季度，你的流动性池都会被不断加满。

在很多投资机构中，往往有一种未经思考的假设，即流动性必然总是好的，因此人们永远不能拥有太多的流动性。这完全是错误的。流动性具有一个特殊的作用，那就是使资产迅速且容易地变现。因此，你在投资组合中持有的流动性应该由你可能的短期或者不可预测的现金需求来决定，而不是其他。流动性是一种昂贵的奢侈品，持有超过所需的流动性是不理性的。

不要接受较低程度的流动性

这一点正好是前一个原则的反面。如果你明白为什么需要流动性，那你就会意识到，流动性必须是真正的流动性、完全的流动性。这样说是什么意思呢?

人类总是表现出一种不愿从他们之前的错误中吸取教训的奇怪态度。政治思想家埃德蒙·伯克（Edmond Burke）曾经说过，那些不了解自己历史的人注定会重蹈覆辙。2008 年，当金融市场面临全球崩盘的威胁时（尤其是 2008 年 9 月雷曼兄弟倒闭后），全球的投资者突然发现，他们持有的所谓的“流动性高”的资产实际上不可能立即以接近其内部账面价值的价格变成现金。公司债券就是一个例子。

希望我们能从这些事件中学到，如果你确实需要流动性，那你就必须确保它是真正的流动性。即使有再多的现金，也不能投入，因为“现金”没有被锁在办公楼地下室塞满了钞票的箱子里，而是银行内的电子存款，而且正如我们从 2008 年的经历中知道的，银行能够并且确实会倒闭。在最好的情况下，你要花很长的时间等待你的钱到手；在最糟糕的情况下，你可能损失你的全部或者部分存款。

因此，真正的流动性只能采取通常被称为“信用等级最高的债券”的形式。这类债券由世界上非常少数的政府（比如美国、英国、德国和日本等）发行。但是从理论上说，目前对这些工具是否真的“无风险”有很大的争议。遗憾的是，黄金必须被忽略，因为它在短期内可能有很大的波动。

由此产生的问题是，人们坚持谈论“投资”债券，这会带来一个致命的误解。信用等级最高的政府债券根本不应该被视为“投资”。它们只是出于流动性的原因而持有的现金替代品。因此，它们可能不是理想的，却是我们目前拥有的最好的。

不要认为波动性必然是坏事

如果你已经读到了这里，你就会知道，我坚持认为“波动即风险”是一种致命的错误观点，它是我们努力将金融理论转化为投资现实时所出现的很多问题的核心。要更深入地讨论这个问题可能需要写一本书，因此，让我们把讨论限定在波动性是“好事”还是“坏事”上。

答案是视情况而定。简而言之，这取决于就你目前考虑的全部或者部分资产（或者更确切地说是负债）而言，你是长期投资者还是短期投资者。一般来说，如果你是短期投资者，波动性将是一件坏事，因为你持有资产的主要动机是能将它们变成现金。在这种情况下，你要尽可能确定自己到时候能做到这一点，并且得到的现金数额尽可能接近于你最初支付的金额。

然而，如果你是长期投资者，那么你持有资产的主要目的就是为了它们可能产生的回报，而且假设你在使用再平衡或者趋势跟踪法，那么你遇到的波动越大，回报的潜力就越大。这两种情况最重要的区别是，在后一种情况下，你可以选择你卖出的时刻（在这种情况下，你会希望这个时刻在巨浪的波峰上），而在前一种情况下，你无法做到这一点（如果你被迫在波浪的波谷卖出，那么你会希望卖出的规模非常小）。

“波动即风险”的错误观点所产生的是一种本能的信念，即波动本身总是不受欢迎的，部分原因是“风险”一词的日常含义类似于“某种不愉快或者不受欢迎之事可能发生的概率”。正如我们在本书中看到的，事实并非如此。风险可能是或者可能不是不受欢迎的，重要的是能够区别它们的不同。

不要急于给事物贴上标签

给资产配置过程贴标签带来的危害可能比任何其他因素都要大。让我们以基础设施为例。一方面，尽管其风险和回报特征与私募股权完全不同，但是贴标签可能会导致它被塞进“私募股权”的盒子里，只是因为投资者已经同意在私募股权而不是基础设施上做配置，而且它可能通过类似的基金结构运作。另一方面，它可能会被投资者的固定收益部门拒绝，因为尽管它拥有与债券相同的现金流特征（但可能提供更高的回报），但它是“基础设施”，而不是“债券”。

你要了解的最重要的投资原则之一是，资产在你的投资组合中如何表现是最重要的，你选择将它称作什么根本不重要。

不要使用同类基准

如果你明白你的投资战略最重要的要求是它应该以实现你的目标回报率为目标，而这应该是一个基于你的预测负债的计算数字，那么你就会认识到同类基准是多么不合适。然而，它不仅是不合适的，还可能是愚蠢或者十分危险的。

我们很容易在世界上很多养老基金彼此互为基准的地方发现这类愚蠢行为的例子。这一假设的前提是，这些养老基金都有完全相同的目标回报率和投资期限，除非它们有完全相同的到期日、成员人口统计特征和融资环境，否则这是不可能的，几乎不可能！当然，它还假设，即使是那些可能享有广泛平均情况的单个基金，其基准首先也是合适的，而这一基准几乎可以肯定的是一个被任意选定的基准。

在我熟悉的一个国家中，可以找到一个关于危险行为的例子。该国将其公共养老金分配给了六位多重管理人，以实现资产类型和单一管理人的良好分散投资。这些多重管理人的任务是达到基准，无法达到基准的人被要求用自己的资源来弥补差额。顺便说一句，即使成功击败基准也没有奖励。

所选择的基准是已经获得授权的六位管理人的回报平均值。你认为结果如何？是的，当然他们都投资了大致相同的东西，从而导致资产覆盖范围和管理人风险的过于集中，这恰恰与养老金监管机构声称要实现的目标相反。

不要随波逐流

这是一个很容易给出的建议，却很难做到！理解提出了什么以及没有提出什么也很重要。

如果你是短期市场交易者，似乎确实有很多证据表明你应该随大流，如果你很早就是一个随大流的人的话，或者更好的是，试图提前预测大众将冲向哪个方向。约翰·梅纳德·凯恩斯（John Maynard Keynes）是动量投资的发明者之一，他给出了一个生动的的概念说明。

他说，想象你在一场选美比赛中担任评委，将有五位女性被选中进入下一轮比赛。你有两个选择。你可以简单地选出五位你认为应该胜出的女性。不过更好的是，如果你用投资替代参赛者，你要选出你认为其他评委会选出的五位女性。

然而，对于考虑资产配置的长期投资者而言，情况发生了变化。在这种情况下，如果你随波逐流，你很可能会发现自己的资产类型会受到大量资本涌入的影响，而这很可能会降低回报率。如果你决定（或者不得不）进行主动投资，你对管理人的影响力或者议价能力都很低。另一方面，那些不受欢迎的资产类型很可能正处于价格周期的底部，而且显然没有处在泡沫中。

正如大卫·斯文森建议的那样，要在“不太活跃的市场”中寻找机会，他敏锐地指出，这样的市场很可能以拥有非流动资产为特征。

不要阻止问题

太多的投资方法失败了，因为它们未能随着环境的变化而变化。在不鼓励提问的组织文化中，这种情况更有可能发生，尤其是在一位独裁的个人负责这个过程的情况下。

不断地提问应该被视为这个过程的一个重要部分。事实上，一些私募市场投资管理人在做出投资决策之前，都会任命团队中两三位没有亲自参与评估某只基金或者某个项目的成员作为专业的唱反调的人。

然而，在持续的基础上对于现有投资、资产配置以及个人决策都同样重要。更好的是一个欢迎那些表面上可能稍显愚蠢的问题的环境，因为偶尔其中的一个问题被证明确实是非常好的问题，因为它对一个已经在太长时间中没有受到挑战的基础假设提出了质疑。

遗憾的是，这种情况很少发生，董事会尤其倾向于沉默地坐着，担心自己会问一个可能被视为愚蠢的问题，从而影响在自己在同事眼中的地位。这是一件令人遗憾的事情，因为“你说的风险是什么意思”通常是一个非常吸引人的问题。

不要过分依赖数学

那些为特许金融分析师（CFA）或者金融硕士等资格而学习的人在露面时，往往是一只手拿着理查德·A. 布雷利（Richard A. Brealey）和斯图尔特·C. 迈尔斯（Stuart C. Myers）合著的《公司财务原理》（*Principles of Corporate Finance*），另一只手拿着一个工程计算器，他们相信用这两样东西可以回答自己在金融生涯中可能遇到的每一个问题。他们始终相信两件事：（1）只有一个正确的答案；（2）有了正确的数据和正确的金融公式，他们就能进行数学计算。可悲的是，这两件事通常都不是真的。更可悲的是，这些人中的很多人在他们的整个职业生涯中都没有意识到这一点。

这并不是诋毁数学过程在金融和投资中的价值，也不是要否认数学过程在某些领域确实非常有效。例如，在固定收益工具的领域，数学能够告诉你大部分你需要知道的东西。然而，即使是在数学过程中，主观性也侵入了。为了计算债券的价格，你需要使用贴现率（或者收益率，这是同一枚硬币的另一面），而这在很大程度上是基于发行者的信用评级。然而，尽管需要借助一系列复杂的模型，但这种评级本身本质上是主观的。

重要的是要记住，数学可以为你的仪表上的很多刻度盘提供读数，但是任何只看仪表盘的司机都会在马路的第一个转弯处撞到树。投资既关乎逻辑，也关乎主观判断（当然还有情感）；既关乎概念分析，也关乎数学计算。危险在于，你相信，仅仅因为你能计算一种特定资产的历史周期性回报的标准差，你就知道如何定义和描述风险了。你根本做不到，除非你能先回答这个烦人的小问题：“你说的风险是什么意思？”

不要相信过去永远是未来的良好指引

不要过分相信数学方法，也应该包括不相信过去是未来的指引。众所周知，没有人会试图只通过看后视镜来开车，但值得注意的是有多少投资者恰好会这样做。

例如，任何对“波动即风险”的计算只能利用过去的实际数据，没有人会想到利用预测未来的数据来做这件事，尽管至少从某种意义上说，这可能是一种更合理的方法。

当然，任何对过分依赖过去的批评都必须用良好的常识来调和。毕竟，我们只有过去的数据。我们用它们来计算波动性和相关性，因为我们没有其他方法。然而，让我们再次回到仪表上的刻度盘的类比。如果你的车里有一台旅行电脑，它会显示你到达目的地的剩余时间，但这并不是将要流逝的实际时间，因为它只是基于到目前为止你行驶的平均速度的一个简单计算。你将要花费的实际时间会比这多或者少。

因此，尽管我们使用历史数据是因为我们不得不这样做，但不要陷入相信未来将是过去的完美重复的陷阱。更好的做法是尝试看清楚总体趋势，并思考是否可能已经发生了系统性的转变，使趋势更有可能或者更不可能重复出现。例如，如果你要根据过去的数据和所谓的“二项概率”计算出法国和德国在未来 10 年的最后一年里交战的可能性，你会得到的答案是大约 70%。这是一个有趣的可能性。

不要相信正态分布总是适用

最根本的是，很多数学金融分析都是建立在这样一种假设上，即所谓的正态分布（对于那些“宽客”而言是高斯分布）总是适用。正态分布产生了我们都很熟悉的钟罩形，大多数观测集群在平均值（均值）附近，离平均值越远，频率就越稳定、越快。我们用它的标准偏差来衡量和表示这种集群的紧密性。正态分布总是可以用来产生好东西，这无疑是金融理论中的一大安慰。

当然，除了在它不能的情况下。仅以尼尔·弗格森（Niall Ferguson）在其著作《货币崛起》（*The Ascent of Money*）中给出的一个例子为例。如果采用正态分布，那么道琼斯指数在任何一年下跌 10% 或更多的情况大约每 500 年就会出现一次，但有时，这种情况平均每五年就会发生一次。从统计学的角度来看，下跌 20% 几乎是不可能的，然而在 20 世纪，这种情况已经发生了九次。仅在 1987 年的某一天，该指数就下跌了 23%。

那些擅长数学的人发现这样的数据非常令人不安，因此他们只能通过忽略它们来应对。毕竟，如果我们对每个金融问题都没有一个经过数学计算而得出的正确答案，我们该怎么办？混乱和空虚将占据主导地位。

是的，实际就是如此。在很大程度上，混乱和空虚正是金融和投资的本质。混乱在很大程度上是由行为因素造成的，比如前文描述的那些，而这些甚至都无法预测，更不用说提前计算了。空虚是指，如果你在寻找一些客观的定量框架，所有的投资结果都可以被包含在内，因为大多数结果实际上都是由主观的、定性的因素操作和产生的。

如果我们开始将这些事情视为仪表上熟悉的刻度盘，我们至少可以使用这些刻度盘来获得粗略的指导，尤其是如果我们能够将它们结合起来，并且与我们感知到的当前现实结合起来解释的话，而且最重要的是，我们能够记住广泛的指导原则就是它们的全部的话，情况就不那么糟糕了。

如果我们带着一张详细的地图、在起点时确定的精确的解决方案，以及非常清楚目的地和我们需要多长时间来完成旅程的话，那么情况就会更好。

我希望这本书带给你一些想法，让你至少可以开始绘制你的地图，并获得这些基本知识。本书并非一本工作手册，因为这不太可能实现。几乎可以肯定的是，投资机构的人文和环境因素过于复杂，本能和直觉只能学习，而无法传授。然而，掌握战略过程中需要依次协商的各个步骤，如有必要记住反馈回路，至少会让正确的人在正确的时间坐下来，向对方提出正确的问题。只有从这些问题中才能制定出战略。

在很多不同的情况下，这是一个过程。而它本身是一个旅程，一个我已经开始的过程，但在某些情况下，尝试开始可能是一个更准确的描述。正如前面所说，结果是可变的，一些投资者的反应灵敏程度和理解力比其他投资者高很多。不论喜欢与否，人的因素确实不可避免地妨碍了发展。如果你遇到一位资深人士，他根本不愿意自己的假设受到质疑，或者在某些情况下不允许任何有意义的探讨，那么除了静静坐着，沉溺于他们突然从椅子上跌落，掉进一个食人鱼池塘的幻想中，你什么也做不了。

然而，在成功的情况下，它可能在个人层面和组织层面带来巨大的回报，一些人公开承认，他们发现方法的改变是一种解放性的体验。好的结果并不总是因好的战略产生，因为有很多不可预见的事件可能发生，但好的结果很可能这样产生，而且更重要的是，它们极有可能从一个平庸的战略中脱颖而出，而不是从一个根本没有适当战略基础的计划中脱颖而出。

因此，我真的希望你们能够受到启发，与你们的同事坐下来，开始问一些愚蠢的问题，最好问一些尴尬的问题。我也希望你能找到志同道合的人，他们会欢迎你所营造的智力挑战的氛围。如果没有，在你获得一把锯、一些铰链、一个池塘和一些食人鱼的同时，我建议你最好等待时机。

INTELLIGENT INVESTING 第12章

总结性思考：我们要走向何处

使投资如此令人兴奋或恐惧的是，人类没有能力预见未来，至少是精确地预测哪些事件将要发生以及何时发生，更不用说它们将如何出现以及严重程度有多大。然而，我们可以试着找出那些可能塑造我们所处环境的大趋势，还需要了解全球金融和投资的趋势。

绘制路线图的必要性是本书的中心主题。此外，确定我们要去哪里以及我们从哪里开始是投资战略过程旨在执行的核心功能。此外，当然，我们必须知道我们有什么资源（交通方式），什么挑战（障碍）可能使我们的旅程更加困难，也许最重要的是，我们需要花多长时间来完成它。

然而，在现实生活中，实践往往比理论困难得多。造成这种情况的一个原因是，当我们沿着计划的路线前进时，风景总是在不断地变化，而且通常无论我们如何努力，我们都会遇到难以预料的变化。所以，我们可能本来计划走一条特定的路线，却发现它被一棵倒下的树堵住了。我们甚至可能发现自己在警方设置的路障前停下并掉头往回走（监管和合规问题），被暴徒袭击并焚烧汽车（恐怖主义风险），或者在边境被海关官员没收了车辆（政治风险）。

理论通常能够合理地分析这些因素，并在这些因素真正发生时加以解决，但如果我们能够提前预测它们，生活难道不会容易得多吗?

当然会，但同样显而易见的是，这是不可能的。令投资如此令人兴奋或者如此令人恐惧的是，人类没有能力预见未来，至少是在精确地预测哪些事件将要发生以及何时发生，更不用说它们将如何出现以及严重程度有多大。

然而，我们可以坐下来，沉浸在合理的未来主义中，试着找出那些可能有助于塑造我们所处环境的大趋势，正如我们在第 10 章中提到的，有些人甚至把这作为他们投资方法的核心部分。此外，我们需要了解全球金融和投资本身的趋势，在本书结束时，我会提出一些关于这方面的思考，希望对你们有所帮助。需要强调的是，这些都是作者的个人观点，但都是基于非正式的谈话和很多专业投资者和投资管理人更为正式的陈述。

从 α 到 β 的持续转变

大多数观察人士都认为，自 2008 年以来，寻求 α 的委托管理投资的数量和规模显著下降，β 投资则相应增长。准确的数据很难获得，不管怎样，这些数字一经发布就几乎马上会过时，但在最近的一次智库（Think Tank）事件中，有人提出，在此次危机爆发之前，大约 70% 的投资资本在寻求 α，30% 在寻求 β。但自危机发生以来，这些数字可能已经发生了逆转。当然，这与我从那时起与投资者、管理人和资金筹集人打交道的经验是一致的。不可否认的是，某些怀疑论已经潜入了与主动型管理人的关系（既包括当前的也包括未来的关系）中，这可能是因为人们越来越担心收费水平，并认识到收费水平对净业绩的影响有多么严重。

β 工具（尤其是 ETF）的日益普及，以及交易所清算的衍生品极大地降低了合成 ETF 的潜在对手方风险，促进了这一转变。然而，在全面覆盖方面仍有巨大缺口，尤其是那些负债以美元之外的某种货币计价的投资者，而且令人惋惜的是，似乎没有 ETF 管理人倾向于将其公司定位为一个利基市场参与者，相反，他们宁愿在一个已经很拥挤的空间内竞争。这种情况似乎不太可能持续下去，因此可以预期将发生重大的整合。

对于那些负债以美元或者与美元密切相关的货币计价的投资者而言，机会如此之多，以至于几乎令人困惑。上市股票、债券和大宗商品敞口 β 都可以廉价获得。房地产、对冲基金和活跃货币类型的回报可以通过一种可能被称为准 β 的工具来获得，但会有所保留。事实上，现在可能更容易想到那些没有 β 的资产类型。机构投资者通常考虑的这些资产类型包括私募股权、基础设施、木材和农业用地，以及油气特许权使用费。

不仅可获得的β范围增加了，而且它们的复杂性也增加了。例如，在一个极端可以通过使用像MSCI世界指数这样的指数在全球范围内持有上市股票，而在另一个极端，则可以通过特定国家的工具持有上市股票。它也可以局限于高收益股票，或者按照行业细分。通过混合和匹配，现在有可能创建一个股票β投资组合，来反映你可能希望采纳的任何宏观观点。

对于时间有限的投资者而言，最令人兴奋的是，这些投资工具都可以直接或者通过一位β管理人获得。即使在这里，“管理人”一词也几乎是不恰当的，因为所需要的只是交易和托管服务。对于长期投资者而言，“按下按钮，开始行动，然后忘记”的投资世界已经真的到来了。当然，这也意味着，如果有令人满意的托管安排，那么管理人风险就不再是一个合理的担忧了。

投资界似乎确实越来越多地围绕那些在其能获得β敞口的地方来寻求它的投资者而建立了，它们可能将在所有这些领域的管理人关系简化为只有一个专门的结算和托管平台，并将它们的时间和其他资源聚焦于只能通过主动型管理人或者直接投资来获得覆盖的领域。然而，我们必须小心，不要把投资界视为一个同质的整体。不同的投资者将以不同的步伐行动，有些投资者甚至可能根本没有行动。

会出现杠铃效应吗

从α到β的转变，以及投资者以不同的速度前进，其可能的后果之一就是对投资者和管理人都形成了杠铃效应。

人们早就认识到，世界上有一部分投资者可以被称为“成熟”投资者。对于证券法的目的而言，这种区分总是基于地位和规模，比如在美国就是如此。由于确定性是任何法律可取和宝贵的方面，很难看出任何定义可以不这样做。然而，对于投资目的而言，我们需要的是主观，而不是客观，而且在任何情况下，现实是不确定和变化的，而不是清晰和不可改变的。

具有讽刺意味的是，当我们不看投资者是谁而看他们做什么时就会发现，一些全球大机构可能是最不成熟的投资者。因此，很多大型投资者通常会被公认为“成熟”投资者，但与此同时，有很多大型投资者会被认为并非如此。

基金会、捐赠基金和家族办公室通常处于投资理念和实践的前沿。一些主权财富基金也是如此，但并非所有主权财富基金都是如此。在这里，机构的年龄似乎是一个因素。那些在行业中已经存在多年的机构如今正在为行业输送很多思想领袖，而其中一些新成立的机构甚至还未获准在其本国境外投资。养老基金也已经被分别对待。

什么才算“成熟”？我们可以看出其中某些共同的品质：思维开放；抵制武断的基准；渴望拥抱各种不同的资产类型；愿意聘用专业人员来解决这些问题。决策制定应该尽可能基于公司路线来架构，由高管来操作，而不是基于公共机构的架构，由外部人士组成的委员会来操作。

由于我们在这里讨论的是基于个人观点的模糊概念，因此不可能以任何事实权威来陈述立场。然而，在我看来，尽管近年来那些已经很成熟的投资者变得更加成熟，但那些从不成熟行列加入这个行列的投资者的数量却相对微不足道。基于规则的监管要求，那些有权力的人将他们的大部分时间花在担心大量的合规问题上，而不是做好自己的本职工作，这很可能是一个重要因素。

如果这种观点有一部分是正确的，那么投资管理人必须为这样一个世界做好准备：在这个世界里，投资者可能会占据一个越来越长的杠铃的任何一端，杠铃两端的两组投资者可能会有不同的需求和愿望。

那些处于不成熟一端的投资者将把他们的行动限制在传统的债权和股票资产

类型上，尽管他们可能偶尔会继续考虑那些被他们称为“另类”的资产类型，甚至可能在这样的领域有少量的配置（约1%～3%）。不用说，这些投资将不会被视为任何有凝聚力的投资战略的一部分，而是“因为我们认为应该进行一些资产分散配置”。

在传统的资产类型中将出现一些机会，因为这类投资者仍然很可能受到主动型管理人追求 α 的强烈呼声的影响。他们聘用的管理人的数量往往超过了他们能轻松控制的数量。而这些管理人往往认为这是有益的，因为这往往只会导致偶尔的、少量的和在很大程度上情况不明的监督。然而，美国人所谓的“傻钱”是有代价的，因为任何低于商定基准的偏差，无论多小或者多短，都很可能引起过激和不成比例的关注。

对于这些投资者而言，“新的”资产类型的机会将主要局限于那些在公关关系和投资者关系上投入巨资的大型老牌公司，尤其是它们几乎总是通过顾问（无论是一般顾问还是专业守门人）来把关，而这些第三方总是青睐大品牌。

在杠铃的另一端，新一代的超级成熟的投资者很可能也在追求自己的杠铃战略。一方面，这些投资者将渴望获得大量的相关 β，这些 β 既便宜又容易获得，而且可能通过一个管理人获得，这位管理人能够提供各种资产类型的敞口。另一方面，他们也可能会寻找那些能够在某些专业领域明显增加价值的管理人。

与不太成熟的同行相比，他们将在广泛的资产类型中寻找机会。然而，随着这种趋势的发展以及投资者完全不再考虑资产类型，它可能开始失去其大部分的相关性，因为在这里，我们可能会发现趋势投资和风险因素投资。在天平的一端，这些成熟的投资者很可能会追求直接投资（下文将详细介绍），而在天平的另一端，他们最有可能考虑“另类”投资，比如，近期引起家族办公室兴趣的待售品包括钻石和斯特拉季瓦里乌斯（Stradivarius）小提琴。

走向直接投资吗

这种向更成熟水平转变的另一个结果是，决定直接投资公司、项目或者资产的投资者数量增加了。直接投资可以采取以下三种形式中的一种，这些形式可能是按照自然进化的顺序进行的，尽管它们可以并且确实重叠了。第一，机构开始与其现有管理人一起投资，这通常被称为“共同投资”。第二，机构继续保持其管理人关系，尽管它们可能会减少管理人的数量和总金额，并开始直接投资。这自然是一种有点敏感的事态，因为在某些情况下，它们很可能与跟其有平行关系的管理人竞争，而这种关系将几乎会使它们有权获得有关管理人事务的机密信息。第三，如果到目前为止，它们已经在自己组织内部建立了足够规模和专业的专家团队，那么它们最终就可能会完全回避管理人的服务。

正如我们在第 10 章看到的，到目前为止，这种转变很大程度上可能是由对于费用及其破坏收益潜力的担忧驱动的。对于大型投资者而言，在内部聘用高薪团队的成本也几乎远低于同等资金水平下的私募股权或者对冲基金管理人的薪酬。

然而，在未来几年里，这种转变也更有可能受到其他因素的驱动。其中的一个因素可能是，由于监管迫使私募基金工具越来越透明，再加上“头条风险”（即不希望在失败或者有争议的投资中被媒体点名），投资者渴望保持信息的机密性。另一个因素可能是优质的投资机会越来越稀缺，加上卖方不愿意被视为是在公开向“金融”买家（而不是“战略”买家）出售。还有一个因素可能是转向房地产（参见下文）。例如，要间接投资一个投资期限为 30 年的林业项目，需要对管理人（管理人通常不会有那么长时间的业绩记录）在未来 30 年的时间内仍然在管理投资有很大的信心。

无论如何，很多领域的投资管理人必须准备好面对日益激烈的竞争，这些竞争来自很大一部分客户（他们已经习惯于将这些客户视为实际客户或者潜在客户）。加拿大一些大型的养老基金多年来一直在进行直接投资，而很多主权财富基金不仅进行自己的私募股权和房地产投资，还拥有参与基础设施项目和开展对冲基金类型的项目的内部团队。

当然，世界上规模最大、最成熟的投资者转向直接投资也可能是走向趋势投资的一部分。事实上，趋势投资目前还无法以任何其他方式实施，因为在本书写作时还没有合适的专用基金工具。这在很大程度上可能是投资者痴迷于分类的结果。任何这样的投资工具在本质上可能都必须是一种多资产类型，而投资者会努力将其放入令他们愉快和舒适的配置体系。

债务和货币

接下来的一些动态确实是属于一个整体的，而且它们已经在别处被提及过了，所以在本书结尾时捎带而过。

简单地说，世界被分为货币主义者和其他人。人们承认这是一种过于简单的概括。货币主义者以多种理论形式和规模出现，但为了做出一个简短的总结，这已经足够了。货币主义者，无论他们的观点有何不同，都有一个共同的观点，那就是政府无法发行更多的货币（尽管就"货币"的实际构成达成精确共识更成问题），而不是对价格造成上行压力，或者更简单地说，导致通货膨胀。就连谨慎的格雷格·曼昆（Greg Mankiw）在这一点上也毫不含糊，令人惊讶。他著名的"十大原理"之一简单地说就是"当政府印太多的钱时，价格会上涨"。

2012年，世界各国政府实际上已经通过量化宽松的手段在大量地印刷货币。量化宽松是一种央行从银行手中回购本国政府债务工具的计划，作为回报，它们通过电子方式向银行提供信贷余额。事实上，银行将把每笔余额都贷出多次，从而创造出可以供个人和企业使用的新货币，以试图启动经济增长（或者更愤世嫉俗的观点是，通过创建一些虚假的短期财富，在下届时选举前在选民中创造一种虚幻的自我感觉良好的因素）。

货币主义者信条的核心是著名的等式 $MV=PQ$，这里 PQ 代表经济活动水平（大致相当于国内生产总值），M 代表货币，V 代表流通速度，也就是货币在经济体系中流动的速度，是同样单位的货币每年被重复消费的次数。因此，如果流通中的货币数量增加或者其消费速度提高，那么国内生产总值应该也会增加。

到目前为止，一切都很好。问题出现在等式的右边。Q 代表每年购买的商品和服务的数量，P 代表这些商品和服务的销售价格。显然，这是一个多少有些抽象的概念，因为实际上并不存在公认的标准化单位，当然也不存在任何可以适用于整个经济的标准化单位，但是其逻辑是无可挑剔的。如果可以确定这样一个数量单位并达成一致，那么显然可以计算出 P，因为我们知道国内生产总值的数字。

然而，在需求大幅增长的情况下，工厂不可能在一夜之间将其产能翻倍。服务业很可能存在类似的状况，因为寻找和培训新员工是需要时间的。因此，一旦经济体系中任何可用的闲置资源被利用，那么需求就将超过供给，价格将因此上涨，通货膨胀就会发生。公平地说，货币主义者对于这种情况究竟是如何发生的以及为什么会发生的看法不一。传统的观点是流通速度是恒定的，但今天很少有人会同意这一观点。不过，流通速度很可能就是经济学家所说的“黏性”（在短期内不愿改变）。今天有些人认为，刚刚陈述的命题只是解释了通货膨胀发生的原因，而其他人则进一步认为，货币不仅是一种交换媒介，凭借其自身的条件，它是一种经济商品。因此当货币的供应量增加时，那么其感知价值（购买力）将会下降。无论如何，曼昆的原理（他的十大原理中的第九个）是被普遍接受的。

这提出了一种有趣而又令人不安的可能性。如果政府和公司债务在全球的扩散仍未得到控制，而且政府继续通过向经济体系注入新货币和新债务来加重这种局面，我们或许就看不到货币稳步地贬值，导致能源、大宗商品和房地产等高资产价格通货膨胀吗？

有些人质疑事态是否会进一步发展，随着越来越多的人认识到纸币不再有任何实际价值，可能将出现某种重大的系统失灵。如果这或许是一种过分危言耸听的想法，有两个事实值得记录。第一，我们目前对纸币的试验，除了政客的承诺（它的专业名称是法定货币）之外没有任何支持，直到1971年布雷顿森林货币体系崩溃后才开始进行。第二，之前在世界各国引入纸币的每一次有记录的尝试都以失败告终。唯一的例外是中国，中国有几百年的时间（宋朝、元朝和明朝）做到了使纸币以各种形式发挥作用。其他的试验，比如17世纪在瑞典和18世纪在法国的试验，最多只持续了几十年。

因此，无论你认为这是多么不可能的事情，随着世界各国政府似乎启动了一个异常莽撞的债务狂欢和印钞计划，纸币的崩溃无疑会成为任何投资者的场景规划的一部分。

我们很难猜测这样的情况会如何发生，以及我们如何才能尽可能地保护自己。似乎合理的假设是，危机将迅速地从现金向外蔓延，首先会对现金类投资造成最严重的影响。因此，政府债券显然是应该避免的，公司债券和基于货币的基金战略紧随其后。

股票投资将会发生什么就更难以推测了。一方面，世界总是需要商业活动，因此真正持有一家企业的股票必然要为持有者提供一些真正的长期价值。另一方面，如果货币和银行体系都将崩溃，那么任何正常的商业行为或许都成为不可能，没有办法以电子的方式转移资金，而且在任何情况下（正如过去在很多国家已经发生的那样），商业合作伙伴甚至不愿意接受以本国货币支付的定金。最好的猜测可能是商业体系将找到某些方法来适应和生存下去（至少一家初创企业已经设计出了一个全球性的、基于易货贸易的商业交易所），如果只是因为其他选择令人细思极恐，而且在任何情况下排除很多投资者的目标的话。

更容易“买入”的是实物资产，比如房地产、能源资产、大宗商品，当然还有黄金。如果恶性循环确实在加速，那么可以预计这些资产的受欢迎程度将会迅速提高，因此其价格也将迅速上升。

从短期看，人们还必须考虑如何应对高通货膨胀水平，这个话题已经在本书的其他部分讨论过了。然而，与早期出现的高通货膨胀（比如 20 世纪 70 年代英国出现的高通货膨胀）不同，这一次事情可能更加集中，高通货膨胀时期可能被压缩到介于相对“正常”的通货膨胀率和金融体系的某种类型的失灵之间的那一段较短的时期。

换句话说，寻求避免政府和央行（两者实际上是一回事，不论后者可能在多大程度上装扮成“独立的”）的政策（或者管理不善，正如很多人现在认为的那样）的影响，其本身现在可能是一个可行的战略需要，如果像越来越多投资者那样，你把这种管理不善视为对你的行为最紧迫的威胁的话。然而，更多的人显然没有这样做，就像疯狂的松鼠一样，它们疯狂地将国内政府债券塞进自己的树洞里。试想一下，如果这些“松鼠”错了的话，养老基金等投资会发生什么，那才是真正让人害怕的。

向实物资产的转换

尽管全球很多投资者似乎乐于孤注一掷地赌这样的事情不会发生，但一些更成熟的投资者早已先行一步，在实物资产上做出了大量配置，并且将其固定收益敞口分散在不同国家和不同币种的很多发行者上，聚焦于那些债务水平相对较低的发行者上。例如，一种方法是聚焦在那些外国资产相对于外国负债所占比例相对较高的国家上。

尽管对全球财政和货币形式的任何甚至是模糊的客观观点似乎都表明，向实物资产的转移说起来容易做起来难，但本身也并非没有风险。首先，要获得实物资产存在问题。尽管实物黄金等一些资产可以通过 ETF 持有，房地产可以通过房地产投资信托基金持有[①]，但林场和农地等其他资产的持有难度更大。

---

① 这需要核实。在某些地方，尤其是在英国，房地产投资信托基金的业务通常涉及房地产开发甚至投资管理等领域。

如果通过某种投资工具持有，考虑到投资的长期性质和管理人业绩记录的短期性质，持有人将承担非常大的管理人风险。即使这样，也难以按地理位置以及（木材）的年龄和种类达到所需的分散化程度。

然而，这类实物资产的真正问题在于政治风险，尽管这可能以不同的方式表现出来。

如果货币的激增和贬值加速，那么一个显而易见的后果将是政府将禁止私人持有黄金，正如美国曾经发生的那种情况。我们已经在欧洲看到了这样的例子，荷兰政府试图将荷兰养老金持有黄金的行为定为非法（显然是基于黄金不是一种合适的投资，而荷兰政府债券才是）。幸运的是，虽然荷兰政府赢得了最初的胜利，但他们却在随后的上诉中败诉，千万不要认为这就是故事的结局。除非政府能够迫使人们持有和使用货币，否则政府让货币贬值是没有意义的。

房地产作为一种固定资产，是税收和征用的软目标。我们已经看到欧洲很多国家开始对所谓的“豪宅”（伦敦规定的征税对象将包括很多普通的两居室公寓）征收房产税。如果公共财政最终屈服于压力，似乎没有理由不将类似的措施推广到商业地产和工业地产上。

事实上，无力使自己摆脱政府行为的控制正是这类实物资产的主要缺陷。例如，巴西政府恢复了严格限制外国人拥有巴西土地的立法。因此，实物资产在理论上为应对政府的财务自杀提供了一个很好的对冲，但要意识到，在实践中，实物资产自身也可能有很大的风险。

结语

试图预测未来既难以实现，也是危险之举。上述设想并不是对实际将要发生什么（即使这些事情会发生，时间也不确定）的坚定预测。相反，在讨论场景规划时，它们是供人思考的精神食粮以及环境中可能存在的挑战和机遇，无论是实际存在的还是潜在的，但尚未被怀疑。

随着本书接近尾声，有些读者可能会有上当受骗的感觉，原因是自己买了一本关于投资战略的书，但是书中却没有列出流程图和清单，而是描绘了一个完美且专业地从混乱中恢复秩序的过程。遗憾的是，现实生活中并非如此，而且公平地说，这类辅助工具主要用于商学院的教学目的，而且只有在非常严重的警告下，它们才证明了理论，但是仅仅提供了一个对于在理论上可能发生什么的基本的指导方针。

在实践中，投资机构常会受到高层强势人物的困扰，这些人往往既有自大的一面，又心胸狭窄，这种结合既阻碍了讨论，又不相信新想法。他们很可能在其同事身上找到完美的陪衬，这些同事乐意让别人（不论是内部人士还是监管者）告诉他们做什么，他们痴迷于战术或者操作细节，并将任何在战略层面的尝试视为可能会将不确定的风险引入他们舒适的世界观。

因此在实践中，投资战略在很多情况下很可能是一门可能的艺术，而不是追求理想或者最佳的艺术，除非我们从一开始就认识到这一点，否则我们最终很可能只会感到沮丧和失望。遗憾的事实是，很多人根本不愿意思考问题，更不要说做决策或者独立行动了，正是这些人经常被提拔到高层职位，因为他们被视为“可靠的人”。几乎可以肯定的是，由于这个原因，大多数投资者的投资组合看起来都非常类似，大多数投资管理人所提供的产品也是如此。

至少对于后者而言，他们最终开始意识到，在一个既越来越复杂又越来越怀疑追求 α 回报的世界中，一个“我也是”的参与者毕竟不是很受欢迎的，而且他们远非避免生存风险，实际上可能会提高这种风险。他们面临的问题是，由于从未实施过恰当的战略过程，他们越来越认识到需要改变做事的方式，却缺乏决定如何改变的过程。在上一句话中，事实上有一个有意为之的错误：因为他们没有适当的战略过程，他们甚至不明白大多数时候他们不需要以不同的方式做事，而是要做不同的事。

对于前者而言，由于监管机构和政客在掌舵，改变的前景似乎不那么明确。一方面，很多投资者在投资类型的选择上受到越来越多的限制（有人认为，这种限制将继续缩小，直至只允许由国内政府发行债券为止）。另一方面，他们不必为自己的行为承担责任，例如，即使他们管理的养老金计划出现了严重的赤字，他们也不会受到任何真正的惩罚。难怪世界上有那么多投资者采用了“皮埃尔”式而非“玛丽亚”式的风格。

因此，当你进入一家投资机构工作时，不要期待他们会像你一样思考问题，甚至不要指望他们会从任何真正的战略意义上思考他们正在做什么。你能做的最好的事就是寻求在边缘上表达略微的兴趣。很多时候，最好的方法是诉诸于实践的考虑，这至少可以赢得一些内向或者谨慎的同事的同情。例如，在委员会的时间非常有限的情况下，寻求拥有如此多的管理人真的是明智之举吗？如果你发现这样的问题开始引起关注，你就可以利用它作为特洛伊木马，在主动投资和被动投资之间做出选择。

然而，对于幸运的少数人而言，你将发现自己处于志同道合的人群中，这些人不仅真正对分析和探讨整体的投资环境感兴趣，而且还真正对分析和探讨组织的需要以及如何最好地协调两者感兴趣。本书的目标读者正是这样的人。

我希望，本书为他们指出了这样的讨论可能要经历的不同阶段以及将要讨论的各种问题。本书并不是一本通用的实用手册，因为这种事几乎不可能完成；也没有假定任何衡量指标都是绝对正确的。怎么可能呢？我们正在处理的概念、判断和直觉恰恰是金融和投资领域通常拒绝考虑的那类事情，因为它们承认并接受不确定性。

本书的目标非常简单，就是让人们思考。要让人们意识到，战略过程不是某种附加的奢侈品，会在未来的某个时候作为一个令人愉快的下午消遣沉溺其中，而是一个重要的起点。除非在一个更广泛的战略计划框架内，否则所采取的任何行动或者所做的任何决策必然都是徒劳无用的，甚至可能对你应该努力实现的目标造成伤害。最重要的是，要学会认识到群体思维的可怕影响，并挑战它。

我们从第二次世界大战中的一些将军开始，那么就让我们以另一位将军的话结束本书吧。巴顿将军曾说过："如果每个人的想法都一样，那么就有人没在思考。"

Intelligent Investing: A Guide to the Practical and Behavioural Aspects of Investment Strategy.

ISBN: 978-1-137-26408-4

北京阅想时代文化发展有限责任公司为中国人民大学出版社有限公司下属的商业新知事业部，致力于经管类优秀出版物（外版书为主）的策划及出版，主要涉及经济管理、金融、投资理财、心理学、成功励志、生活等出版领域，下设“阅想·商业”“阅想·财富”“阅想·新知”“阅想·心理”“阅想·生活”以及“阅想·人文”等多条产品线，致力于为国内商业人士提供涵盖先进、前沿的管理理念和思想的专业类图书和趋势类图书，同时也为满足商业人士的内心诉求，打造一系列提倡心理和生活健康的心理学图书和生活管理类图书。

《逆势而动：安东尼·波顿成功投资法》

- 叱咤投资界 28 年，总投资回报超 140 倍。曾被《泰晤士报》评选为史上十大投资大师之一的“欧洲股神”教你以逆向进取的方法寻求资本成长的机会。
- 彼得·林奇亲自撰写推荐序。

《学会投资：让未来无忧的博格投资课（第 2 版）》

- 那些适用于生活中大多数挑战的典型常识与方法“注定会让投资者们变穷”，理解逆向投资者的智慧就是投资获得成功的第一步。
- 本书的三位作者基于博格先生的投资智慧，通过幽默的文笔以及睿智的讲解，详细介绍了博格先生的投资原则和价值观，并总结出了投资的简单原则。

马丁·普林格技术分析法（第 2 版）

- 美国股票技术分析师协会权威推荐。
- 全球顶级技术分析大师马丁·普林格巅峰之作《技术分析》精华版。
- 证券交易员和技术分析师案头必备指南。

《跟大师学指数投资》

- 高瓴资本集团创始人、董事长兼首席执行官张磊、美国投资大师伯顿·马尔基尔作序推荐。
- 为你梳理指数投资从无人问津到笑傲江湖的发展历程，用事实证明只有了解指数投资优越性的投资者才可能成为真正的投资赢家。